大是文化

父母的話語，是孩子的未來

42 種免爆氣情境話術參考，不斥責、不說教，孩子正向積極。

家庭教育工作者、多部暢銷教養書作者
李靜 著

Contents

第二章

孩子被老師「告狀」

第五章

第六章

和「壞」孩子在一起 157

推薦序
好好說話，親子關係自然好

可能幸福學院創辦人／趙介亭（綠豆爸）

「不多吃蔬菜是長不高的！」、「都幾點了，你還在看電視啊！明天還要不要上學？」、「你就不能動作快一點嗎？」……這些話在我們這一代成長的過程，是不是很常出現？當年的我們聽到爸媽這麼說時，是不是感到很厭煩、不爽和無奈呢？現在我們長大成為了父母，在心裡我們知道，不能再重蹈覆轍，用自己童年不喜歡的方式，來對待自己的孩子，卻又常常忍不住脫口而出，搞得親子關係既緊繃又對立，我們想要孩子變好的美意，因為我們的話語而背道而馳。

我在協助親子共同面對教養議題時，孩子會和我反映：「爸媽為什麼總是要規定我、命令我，不能和我好好說話嗎？」父母則是無奈的表示：「我明明是想關心孩子，但說不到三句話孩子就不想理我，我都不知道要怎麼和孩子說話了？」這時我真希望能有一本《父母好好說話辭典》，能提供給父母練習，以「平等且互相尊重」的方式，學會和孩子好好說話，陪伴孩子學會自立，也培養親子走向共好。

因為「好好說話」是一門藝術，更是需要智慧，父母所說的每句話語，都會成為孩子自我價值的形塑根據，長期被規定、命令、要求的孩子，很難為自己做決定，更無法擔起責任；而長期被批評、指責、否定的孩子，自尊和自信長期處於低落，就會認定自己是不好的。

《父母的話語，是孩子的未來》這本書，來得正是時候！書裡的八個章節，分別呈現出家庭中最常需要親子對話的場景：從每天早晨的起床出門，到孩子上學之後，在學校和老師、同學的互動，再到放學後寫功課和居家生活，以及假日全家出遊時……每個場景又分出不同的段落，忠實呈現了許多父母容易出現的規定、命令、要求、批評、指責、否定……傷害孩子自尊、自信和親子關係的言語。同時在每個章節也提供父母可以思考的方向，理解為什麼這些話語會造成傷害，並且提供實際的範例讓父母練習。

就像「不多吃蔬菜是長不高的！」如果我們換成：「你最近想吃什麼蔬菜呢？是白菜還是空心菜？」；「都幾點了，你還在看電視啊！明天還要不要上學？」換成「再過半小時，你看電視的時間就結束囉！」不需要命令、也不需要批評，而是以「溫和堅定的態度」，和孩子平等尊重的說話。當父母學會了好好說話，自立的孩子性格和共好的親子關係，也就水到渠成！

前言
父母的話語，是孩子的未來

身為家長，你是否常常會遇到以下疑問：明明想表達對孩子的關心，最後卻成了居高臨下的說教；想引導孩子改正某些不好的習慣，一開口卻變成了斥責……這是為什麼？很可能是父母說的話有問題。那麼，有問題的話語有哪些？

首先，**粗暴的言論不可取**。面對孩子某些屢教不改的壞習慣，如賴床、拖拉、磨蹭、丟三落四、組小團體、打架、蹺課等，那些恨鐵不成鋼、氣急敗壞的家長常常會採用粗暴的言論表達，並企圖用凶惡的話語來控制孩子。

比如，當孩子賴床起不來時，他們會暴氣的說：「起床了，再不起床我就打人了啊！」然而，很多時候，**家長粗暴的言論非但影響不了結果，反而可能會引發孩子的叛逆情緒，使孩子變得越來越不聽話，甚至孩子也像家長一樣，養成了講話粗暴的習慣**。

其次，**斥責、質問、說教的話不要說**。有些家長經常擺出大人的架子，在孩子出現問題時，居高臨下的斥責、質問孩子，並以自己的經驗和見識對孩子說教一番。在家長看來，這些話可以幫助孩子更了解問題的嚴重性，讓孩子重視起來。殊不知，很多孩子對這類話並不買單，他們大都只是暫時向家長的權威屈服，事後依然是老樣子。

最後，**避免給孩子貼上負面標籤**。有些家長選擇貼負面標籤，並不是真的想打擊孩子的自信心和自尊心，更多的還是想以此來激發孩子的上進心。但是，對於**大多數的孩子**來說，他們**需要從老師、家長的認可和鼓勵中獲得自信與力量。在面對老師、家長為自己貼的負面標籤時，他們常常會不自覺的對號入座，久而久之，他們會否定自己，從而變得消極和自卑。**

本書囊括了眾多親子溝通場景。從起床到出門、從學校到家庭、從學習到生活，每一個溝通場景都取材於現實生活，能帶給讀者更多的共鳴。

此外，每一節都列舉了一些不恰當的話語，希望家長能從中提醒自己與孩子在溝通中出現的問題。同時，本書也提供一些比較合理的話語建議，旨在幫助家長與孩子建立平等、平和的親子對話關係，提高親子溝通效率。

第一章

晨起，就跟時間賽跑

在早上這段短暫的時光裡，幾乎每一位家長都在與時間賽跑，要準備早餐、送孩子上學，還要趕著去上班。時間本來就很緊迫，偏偏孩子賴床、磨蹭，不肯好好吃早餐，甚至還不想去學校。

面對孩子這些令人發狂的行為表現，家長會說出什麼樣的話呢？這些話合適嗎？如果不合適，家長應該怎麼說？

01 家有「起床困難戶」

家中的小孩是個「起床困難戶」，每天賴床起不來，對此家長十分頭疼。

當家長一邊忙著做早餐，一邊擔心孩子上學遲到、害怕自己上班也遲到時，孩子卻賴床不肯起床。這時，家長心中的怒火極易被點燃，很有可能對孩子說出一些催促、埋怨、嘮叨的話，比如：

☹「睡夠了吧？睡夠了就趕快起床！」

☹「都幾點了，怎麼還在睡！」

☹「快遲到了，趕快起床！」

☹「快點起床，再不起來我打人了喔！」

上學快遲到了，
快點起床。
媽媽，
我好想睡啊。

☹「我早餐都做好了，你怎麼還在睡？」

前面這些話可以輕而易舉的挑起家長與孩子之間的「戰火」，使早上原本就緊張的氣氛變得更加緊張。正所謂「一日之計在於晨」，**如果早上家裡的氛圍緊張，那家長、孩子這一整天的情緒和狀態自然就會受到影響**。究竟是哪些原因，促使孩子成了「起床困難戶」呢？

1. 睡眠不足或睡眠品質不佳，如晚睡、做噩夢。
2. 孩子時間觀念不好，不會合理分配自己的時間。
3. 為了逃避上學。
4. 天太冷，孩子貪戀溫暖的被窩。

當找到孩子起不來的原因後，家長就可以選擇一些比較有針對性的、幽默又平和的話叫孩子起床。下面是給父母的一些話語建議：

☺「起床啦！早餐有你最喜歡吃的蛋餅哦！」

☺「起床啦！不然媽媽等一下出門上班後，你就得一個人待在家裡。」

☺「太陽都晒屁股了，再不起床，屁股就要被烤熟啦！」

☺「醒了嗎？再不起床，早餐要被吃光光了哦！」

使用幽默、平和的話語叫家裡的孩子起床，不儘不會增加他的緊張和焦慮，也不會讓他感到煩躁。不過，為了把孩子培養成自立的人，家長還是要和孩子一起找到賴床的原因，這樣才能從根本上幫助孩子改掉壞習慣。

POINT

用幽默、平和的話語叫孩子起床，不會增加孩子的緊張和焦慮，也不易讓孩子感到煩躁。

×「都幾點了，怎麼還在睡！」

○「起床啦，早餐有你最喜歡吃的蛋餅哦！」

02 出門拖拖拉拉、磨磨蹭蹭

孩子一大早就拖拖拉拉、磨磨蹭蹭，這對急著送孩子上學，然後再趕到公司上班的父母來說，無疑是一件令人十分火大的事。可是，有時候家長越是著急、催促，孩子就越拖拉、磨蹭。在這個過程中，父母很可能會因為著急而說出一些不太合適的話，比如：

「不要拖拖拉拉，快一點！」

「怎麼還沒好？」

「你為什麼總是這麼慢？」

「你就不能動作快一點嗎？」

我今天還沒照鏡子呢！
等我照照鏡子再出門！

☹「你快一點啊！我上班要遲到了。」

其實，父母若總是對孩子說前面這些話，就**會在有意無意間強化孩子拖拉、磨蹭的意識**，這對改掉孩子拖拉、磨蹭的習慣是不利的。那麼，導致孩子早上出門拖拖拉拉、磨磨蹭蹭的原因有哪些？

1. 孩子自我控制能力較差，注意力容易被周圍的事物吸引。
2. 家長催促越多，孩子越有抵抗情緒。你越催，我就越磨蹭。
3. 孩子責任感不強，覺得遲到無所謂。
4. 孩子沒睡好，精神狀態不佳。

當你的孩子因為各種原因而拖拖拉拉、磨磨蹭蹭時，父母先不要急躁，也不要試圖透過說教讓孩子一下子變得懂事，進而加快速度。否則會適得其反，讓孩子心生抵抗情緒，故意放慢速度，變得更加拖拉、磨蹭。這種時候，家長可以試著這樣對孩子說：

☺「稍微快一點，好嗎？馬上就要八點了！」

☺「你能稍微快一點嗎？媽媽趕著要去上班。」

☺「要快一點哦！不然媽媽上班就要遲到了，遲到就會被扣錢，被扣錢就不能帶你去吃好吃的啦！」

☺「快一點哦！否則遲到被罰，你自己要承擔。」

☺「媽媽覺得你今天比平時快了點，要是能再快一點就更好啦！」

在前面幾個話語中，父母沒有吼叫，也沒有說教，更沒有給孩子貼上「拖拖拉拉、磨磨蹭蹭」的標籤，但是能引導孩子去反思自己是不是真的慢，自己有沒有讓媽媽等著急了。

從某種程度來講，這樣的話更有助於家長找到孩子動作慢的原因，從而能更有針對性的幫助孩子改掉這個不良習慣。

POINT

不要急躁，也不要試圖透過說教讓孩子一下子變懂事。否則會適得其反，讓孩子心生抵抗情緒。

×「不要拖拖拉拉，快一點！」

○「你能稍微快一點嗎？媽媽趕著要去上班。」

03 不愛吃早餐

吃早餐不但可以趕走孩子的飢餓，還可以及時給孩子補充能量和營養元素，對孩子的身體健康十分重要。因此，當孩子不吃早餐時，一些家長會因為過於擔心孩子的身體健康而急躁，從而說出一些不好聽的話，比如：

☹「我辛辛苦苦的做了早餐，你竟然不吃！」

☹「早餐一定要吃，不吃不行！」

☹「要你吃早餐都是為你好，快點吃！」

☹「不吃早餐對身體不好，必須吃！」

☹「快吃，一大早你就找我麻煩，惹我生氣。」

怎麼了？沒有你喜歡吃的食物嗎？
我不想吃早餐。

雖然，孩子不吃早餐，對身體健康和精神狀態都不好。但是，**如果家長用一些不合適的話來強迫他們吃早餐，就會引發孩子的不良情緒，對孩子的身心健康不利**。實際上，孩子不吃早餐可能是有原因的，常見的有以下幾種：

1. 早餐沒有孩子喜歡吃的食物，或不合孩子的胃口。
2. 身體不舒服，確實不想吃。
3. 太晚起床，害怕因吃早餐而上學遲到。
4. 家長總是在早餐時間說教，孩子對此很厭煩。

在沒有了解孩子是什麼原因不愛吃早餐前，家長需要注意自己講的話，不要一開口就喊：「為孩子好」的口號，強勢要求孩子必須吃。家長可以試著轉變一下口氣，先了解孩子不吃的原因。比如，當孩子不吃早餐時，家長可以這麼說：

☺「為什麼不吃？沒胃口嗎？」

☺「怎麼了？沒有你喜歡吃的嗎？」

☺「不用擔心上學會遲到！先安心吃早餐。」

☺「早餐要吃，才有力氣好好學習！」

因此，當孩子不吃早餐時，家長應該站在孩子的角度，先借助話語主動了解孩子不吃的原因，然後根據相關原因做出調整，幫助孩子吃好早餐。

POINT

站在孩子角度，主動了解不吃早餐的原因，然後根據原因做出調整。

×「早餐一定要吃，不吃不行！」

○「怎麼了？沒有你喜歡吃的嗎？」

04 出門丟三落四

孩子出門丟三落四，本身就是一個令家長比較頭疼的問題，加上早上時間本來就很緊迫，好不容易準備出門了，孩子卻說自己忘了這樣、忘了那樣。甚至都快到學校了，才突然說：「忘記帶數學作業了！」這個時候，家長的情緒往往是崩潰的，難免會沒有控制住自己而怒罵孩子：

「你怎麼回事，老是丟三落四的？」

「你就不能細心一點嗎？」

「昨天晚上叫你要整理書包，不聽，果然忘記帶了吧。」

「怎麼現在才發現啊，我上班都要遲到了！」

我已經幫你帶了，
下次可不能再丟三
落四了喔！
啊，我忘記帶
鉛筆了！

☹「你剛才怎麼不好好檢查呢？」

☹「你怎麼回事啊？連收書包這點小事都做不好？」

其實，**孩子早上丟三落四，心情自然會不好，若家長再說一些不太合適的話語，很容易加深孩子的自責和愧疚情緒，而這樣的情緒會影響孩子一整天的學習狀態**。至於孩子早上總是忘東忘西、丟三落四的原因，可能有以下幾點：

1. 父母習慣幫孩子整理物品，導致孩子有了依賴心理。
2. 孩子做事沒有計畫和條理，難免會做了這件，忘了那件。
3. 早上起得晚，時間太緊迫，孩子手忙腳亂給忘了。
4. 孩子做事總是心不在焉，注意力不集中。
5. 早上家長催得緊，孩子心裡焦急。

導致孩子早上丟三落四的原因有很多，但這確實不是一個好習慣，家長可以借助話語來幫助孩子意識到這個問題。當孩子要出門時，說自己有東西忘了拿或找不到，或者在半路突然說：「作業忘記帶」時，家長不妨試試這麼回覆孩子：

「你這樣可不行！丟三落四不是好習慣！」

「早上忘記帶東西很容易讓人煩躁！以後要多注意，睡覺前要把隔天要帶的東西準備好。」

「啊！那怎麼辦？如果回家拿的話，你上學一定會遲到，媽媽上班也會遲到呢！」

「忘記一次情有可原，媽媽有時候也會忘記，但你這已經不是第一次了，你覺得問題出在哪裡呢？」

「早上趕著出門，難免會手忙腳亂、忘東忘西的，以後要在晚上把書包整理好。」

誠然，孩子出門總是丟三落四，家長難免會急躁，但急躁終究不能解決問題。因此，在遇到類似的問題時，家長首先要控制自己的情緒，然後透過溝通幫助孩子認識到丟三落四是個不好的習慣，引導孩子進行反思，找到丟三落四的根源，進而從根本上改掉孩子丟三落四的習慣。

POINT

讓孩子了解丟三落四是不好的習慣，引導孩子進行反思，找到原因，進而從根本上改掉壞習慣。

× 「你怎麼回事，老是丟三落四的？」

○ 「忘記帶東西容易讓人煩躁，以後睡覺前要把隔天要帶的東西準備好。」

05 不想上學

生活中，父母很可能會遇到孩子不想去上學的情形，這個時候，父母的回答會對孩子未來的學習態度產生極大的影響。那麼，當孩子對你說：「不想上學」時，你會怎麼回答呢？你會不會這樣回答：

「你不想上學，我還不想上班呢！」

「爸媽讓你去上學都是為了你好。」

「你不想上學，那你想幹什麼？你又能做什麼呢？」

「我辛辛苦苦的賺錢供你上學，你竟然跟我說你不想上學，真是太不聽話了！」

我不想上學！
我不想上學！

「要不要上學，可不是你說了算的。」

前面這些回答或多或少都帶有一些埋怨、指責、生氣的情緒，是很難說服孩子去調整情緒，認真對待學習。事實上，孩子不想去上學不外以下幾點：

1. 學校規矩太多，孩子覺得不自由，不想去。
2. 學習上遇到了困難、課堂上無法集中注意力、聽不懂老師講的內容。
3. 孩子和同學相處得不愉快，缺少朋友。
4. 孩子上學太累，要早起、要專心聽講、要做作業。
5. 孩子心情不好，情緒不佳。

所以，當孩子對你說：「不想上學」時，父母不妨像個朋友一樣，引導孩子打開心結，聽聽孩子的內心想法和感受。

下次當孩子說：「我不想上學」時，你可以試著這樣回答：

☺「怎麼了？你能告訴媽媽為什麼不想上學嗎？」

☺「為什麼呢？是在學校不開心嗎？」

☺「嗯，可是如果你不上學，就不能跟你的好朋友玩了。」

☺「你可以不上學，但你得自己待在家。你想一個人待在家嗎？」

實際上，很多時候孩子說不想上學，大都只是想跟父母發洩一下內心的不滿。父母可以借助話語詢問孩子不想上學的原因，而後對症下藥，有針對性的幫助孩子排解、釋放內心的不滿情緒，從而樹立積極、正確的學習態度。

POINT

孩子說不想上學，大都只是想跟父母發洩一下內心的不滿。父母不妨像個朋友一樣，引導孩子打開心結，聽聽孩子的內心想法和感受。

×「你不想上學，我還不想上班呢！」

○「你可以不上學，但你得自己待在家裡。你想一個人待在家裡嗎？」

第二章

孩子被老師「告狀」

大多數家長都是透過老師來了解孩子在學校的各種狀態，如孩子的社交、課堂狀態及其他行為表現等。當收到老師的負面回饋時，如孩子在學校不合群、愛打小報告、在課堂上傳紙條、沒去上課、和同學打架等，很多家長會很生氣，從而說出一些傷害孩子的話。那麼，說哪些話會傷害到孩子呢？除了這些傷害性的話語，家長還可以怎麼說呢？

01 孩子不合群

當老師向家長反映孩子在學校有些不合群時，有些家長首先想到的是孩子的問題，如自私、自傲、膽小、不敢表達自己、存在社交障礙、惹人厭煩等，從而對孩子心生不滿，以致說了一些傷害孩子的話，比如：

☹「你怎麼回事啊，為什麼會不合群？」

☹「你是不是因為膽小，才不敢跟人家玩啊？」

☹「你在搞孤僻嗎？不然老師怎麼會說你在學校都不理人呢？」

☹「你在學校很不討人喜歡嗎？」

☹「你在學校沒朋友嗎？」

我要回家。

膽小、社交有問題、不討人喜歡、沒朋友之類的表述方式，其實是給孩子貼了各種問題標籤，這對孩子的性格養成和人格發展十分不利。因為孩子在學校之所以不合群可能是有原因的，比如：

1. 孩子膽怯、自卑，不敢與人交往。
2. 性格內向，不善於交際。
3. 缺乏溝通能力，不懂得如何向周邊的同學表達自己的想法。
4. 孩子太過自我，沒有團體意識。

因此，當老師反映孩子不合群時，家長先不要急著給孩子貼各種問題標籤，可以選擇一個大人、孩子都比較放鬆的場合，然後像朋友一樣跟孩子聊一聊，進而打開孩子的心扉，找出孩子不合群的根本原因。比如，家長可以試試這麼跟孩子聊：

☺「你對學校的團體生活有什麼想法嗎？」

☺「在人多時，你會感到不自在嗎？」

☺「在遇到什麼事情時，你會覺得自己格格不入？」

☺「你認為團體行動重要嗎？」

這種圍繞不合群的具體表現展開的聊天，不但可以引導孩子思考無法融入群體的原因，還能幫助家長更加了解孩子的真實想法，並改以孩子更能接受的方式協助孩子更融入團體生活。

POINT

選擇一個比較放鬆的場合，然後像朋友一樣跟孩子聊一聊，找出孩子不合群的根本原因。

×「你在學校沒朋友嗎？」

○「在人多時，你會感到不自在嗎？」

02 喜歡搞小團體

聽到老師反映孩子在學校搞小團體時，很多家長首先會認為孩子沒有把心思用在學習上，其次會覺得孩子拉幫結派是為了欺負其他同學，進而大發雷霆，說出一些於事無補的話，比如：

「你這麼行啊，都會拉幫結派了！」

「在學校不好好學習，是想幹什麼呀？」

「你這麼小，就知道搞小團體，長大了還得了！」

「聽說你在你們小團體裡還是個頭頭啊！」

「你這孩子好的不學，偏要去給我搞小團體，是想幹嘛？」

以後我們就是
同一國的。
對啊！我們是
同一國的。

對於孩子拉幫結派、搞小團體的現象，家長平時是很難預防的，大都是等老師發現了問題，再反映給家長，家長這時才發現孩子已經在某個小團體中了，或是小團體裡的「小跟班」，或是「頭頭」。事實上，孩子身為一個生活在團體裡的個體，搞小團體並不是什麼新鮮事，原因可能很多，但常見的有：

1. 小團體可以讓孩子有歸屬感和安全感。
2. 拉幫結派可以讓孩子有被人依賴的感覺。
3. 加入小團體，孩子會覺得自己沒有被孤立。
4. 可以保護自己不遭排擠。

縱然孩子在學校拉幫結派不利於學習，對其社交觀念的影響也不好，但是，家長也不能因此完全否定孩子拉幫結派、搞小團體的行為，甚至還壓制和嘲諷孩子。明智的家長通常會這麼跟孩子溝通：

「老師跟我說你在學校加入了〇〇〇團體，這個團體有趣嗎？平時你們都會做些什麼？」

「我聽說你是學校小團體裡的頭頭？你是帶大家好好學習呢，還是愉快玩耍啊？」

「聽說你在學校參加了某個小團體，社交能力蠻強的嘛！但你不可以仗著小團體的力量去欺負、排擠或是毆打其他同學哦！」

「我聽說你在學校搞小團體，媽媽覺得這樣做不太好，畢竟學生還是要以學習為主。你能告訴媽媽為什麼要這樣做嗎？」

當孩子在學校拉幫結派、組小團體時，家長可以選擇一些比較平和的話語，主動了解孩子拉幫結派的深層原因，並教導孩子在尊重、理解他人的基礎上，建立健康的人際關係。

POINT

以比較平和的話語，主動了解孩子拉幫結派的深層原因，並教導孩子在尊重、理解他人的基礎上，建立健康的人際關係。

×「在學校不好好學習，拉幫結派是想幹什麼呀？」

○「老師跟我說你在學校加入了〇〇團體，這個團體有趣嗎？平時你們都會做些什麼？」

03 愛打小報告

若老師向家長反映：「孩子在學校愛打小報告，與同學有關的任何一丁點雞毛蒜皮小事，他都要向老師告狀，時間久了，恐怕很難在同學之間獲得支持和信任。」

這時，大多數家長就容易焦慮，生怕孩子因此遭到老師的厭惡和同學的排擠，甚至覺得孩子愛打小報告是品性問題。於是，為了讓孩子意識到這個問題，他們可能會講一些不太合適的話，比如：

☹「小小年紀，你怎麼這麼愛告狀呢？」

☹「你跟老師打同學的小報告，難道不怕人家日後報復你啊？」

老師，老師……
停！老師知道你要說什麼，你是不是想說〇〇〇同學上課不認真啊？

☹「就那麼一點小事，你也要跟老師打小報告呀？」

☹「只有不好好學習的孩子才會打小報告。」

☹「打小報告這種沒出息的事情，你也做得出來，不覺得丟臉嗎？」

☹「你知不知道打小報告是很惹人厭的啊？」

家長很可能是想透過前面這些話，來告訴孩子打小報告不好，希望孩子日後不要這樣做。但是，對孩子來說，家長的這些話，有些過於苛刻和刺耳了，能發揮的作用並不大。比起這些話，家長應先去了解孩子打小報告的原因，再結合這些原因選擇合適的引導話語，可能效果會更好。那麼，孩子愛打小報告的背後又有哪些原因呢？歸納起來，大概有以下五個：

1. 孩子喜歡表現自我，想透過打小報告來獲取老師的關注。
2. 孩子太過於維護規則，打小報告只是單純的想向老師表達自己看到的情況。
3. 自己或別的同學被欺負後，跟老師打小報告是為了尋求幫助。

4. 想透過貶低他人來換取老師的表揚。
5. 家長總是告訴孩子：「有事就告訴老師」，因此孩子打小報告只是遵照家長的囑咐去做而已。

在了解孩子愛打小報告的原因後，家長再採用合適的話語引導孩子對打小報告的行為進行反思，最好讓孩子學會換位思考。比如，家長可以試著用下面這些話來與孩子溝通：

☺「這件事除了向老師打小報告之外，你還有其他解決方法嗎？」

☺「這件事如果換成是你做的，你希望其他同學跟老師說嗎？」

☺「媽媽覺得沒必要每一件事情都要向老師告狀，或許你該寬容一些。」

☺「應該沒有人願意和愛向老師打小報告的人成為朋友吧？」

☺「關於打小報告這種行為，媽媽是不鼓勵的。但是，如果是那些可能會傷害到自己，或同學的暴力行為，就要立刻跟老師講，你覺得呢？」

事實上，打小報告是孩子學習規則、維護規則以及表達力強的一種表現。因此，在處理孩子愛打小報告這個問題上，家長要拿捏好尺度，既不能完全禁止、否定，也不可縱容、鼓勵，要視情況處理。

POINT

打小報告是孩子學習規則、維護規則以及表達力強的一種表現。家長要視情況處理，費心思去區別對待。

×「你跟老師打同學的小報告，難道不怕人家日後報復你啊？」

○「這件事如果換成是你做的，你希望其他同學跟老師說？」

04 上課傳紙條

很多家長聽到老師告知孩子在上課時傳小紙條，就會想當然的給孩子貼各種負面標籤，如注意力不在課堂上、在學校沒有好好學習、擾亂課堂紀律等。帶著這種想當然的想法，說出來的話，通常不會多好聽，比如：

☹「老師講的東西你都學會了嗎？沒學會，你還敢傳小紙條？」

☹「懂不懂上課規矩啊，課堂上是你傳紙條的地方嗎？」

☹「你不知道上課傳小紙條會影響老師上課嗎？你不想上課，其他人還想上呢！你怎麼一點責任心都沒有啊？」

☹「你這小腦袋瓜不用來認真聽課，淨想著傳小紙條。」

哈哈，我傳出去的
紙條傳回來了！

☹「你在課堂上傳紙條，是覺得上課很無聊嗎？還是你認為都會了，沒有再上學的必要了？」

孩子**在課堂上傳小紙條，不但會擾亂課堂秩序，還會分散自己及他人的注意力，嚴重干擾課堂教學**，這也是老師、家長不允許孩子在課堂上傳小紙條的主要原因之一。而孩子在課堂上傳小紙條的可能原因有：

1. 孩子對上課內容沒興趣，在課堂上坐不住，傳紙條是為了打發時間。
2. 老師上課教學枯燥乏味，對孩子沒有吸引力。
3. 孩子忽然發現了有趣的事情，想透過傳紙條的方式與其他同學分享。

不管孩子為何在課堂上傳小紙條，一旦老師向家長反映孩子有這種行為，家長就要與孩子溝通，找出孩子課堂上傳小紙條的原因，告訴孩子不應該在課堂上傳小紙條。下面是給家長的一些建議：

☺「你在課堂上傳小紙條，會擾亂課堂秩序，影響其他同學專心聽課。媽媽認為這是一個對自己、對他人都不負責任的行為，你覺得呢？」

☺「課堂是老師講課、學生上課學習的地方。不管因為什麼事情，你都不應該在上課時傳遞紙條。」

☺「你是不是因為在課堂上坐不住，才傳紙條給同學的呀？」

☺「你是有急事嗎？不然怎麼會選擇在上課時傳紙條？這可是違反上課規矩的，你知道吧？」

總而言之，當家長聽到孩子在課堂上傳小紙條時，不能僅憑自己的個人經驗或主觀想像，先入為主的對孩子一頓亂罵，從而對孩子說出一些不合適的話。家長可以先傾聽孩子的內心，了解事情的前因後果，再逐步引導孩子去思考該不該在課堂上傳小紙條。

POINT

先傾聽孩子的內心，了解事情的前因後果，再逐步引導孩子去思考該不該在課堂上傳紙條。

×「你在課堂上傳小紙條，是覺得上課很無聊嗎？還是你認為都會了，沒有再上學的必要了？」

○「你是有急事嗎？不然怎麼會選擇在上課時傳紙條？這可是違反上課規矩的，你知道吧？」

05 成績退步了

當聽到老師說孩子成績退步時，相信大多數家長的內心都是十分著急的，甚至還會有一些恐慌，難免會因為擔心孩子的學業和前途，一時恨鐵不成鋼，說了些傷害孩子自尊，或加重其心理負擔的話，比如：

「你看看你考的分數，能看嗎？」

「你是怎麼學的，成績怎麼會退步這麼多？」

「平時要你好好複習，你不聽，這下好了，成績退步了吧！」

「成績退步這麼多，肯定不行啊！你得好好加油，好好努力。」

「都怪你平時上課沒有認真，所以成績才會退步這麼多！」

唉，成績退步了，回家會被爸爸罵吧？

面對成績退步，孩子自己才是最難過的。這時候，家長再說一些傷害孩子自尊的話，無疑是在孩子的傷口上撒鹽，加重對孩子的傷害，甚至可能會導致孩子討厭上學。因此，當孩子成績退步時，家長不妨先試著與孩子談心，找出退步的原因，之後再採取下一步的行動。一般情況下，孩子成績退步的原因主要有以下五點：

1. 學習上遇到困難。
2. 學習方法不對。
3. 學習習慣不好。
4. 學習態度有問題。
5. 個人狀態不佳。

家長需要注意的是，在與孩子談心的過程中，不要帶有責罵或高期望的語氣，要學會站在孩子的立場去理解孩子。那麼，在與孩子談成績退步時，家長可以說些什麼呢？下面是給家長的一些建議：

☺「成績退步，你一定很難過。你有沒有想過為什麼會退步呢？」

☺「你最近成績退步了！是學習方法不正確，還是教的內容很難？」

☺「成績退步，你心裡很失望、難過吧？你有想過調整學習方法嗎？」

☺「媽媽知道你平常很努力學習，成績退步肯定不是因為你不努力，想跟媽媽聊聊嗎？」

實際上，孩子成績退步，就算家長不提醒，孩子自己也能意識到。這個時候，家長需要做的應該是對孩子的心情表示理解，並和孩子一起探討成績退步的原因，幫助孩子思考並制定好的方法和對策。

POINT

當孩子成績退步時，家長不妨先試著與孩子談心，找出退步的原因。

× 「你是怎麼學的，成績怎麼會退步這麼多？」

○ 「你最近成績退步了！是學習方法不正確，還是教的內容很難？」

06 蹺課

接到老師電話說：「孩子蹺課，沒去上學」時，大多數家長除了擔心孩子的安危，還會對孩子蹺課的行為感到憤怒。而且在孩子平安回家後，常常會把注意力放在孩子蹺課的行為上，要麼給孩子嚴厲的懲罰，要麼苦口婆心的對孩子說教，強調「讀書如何如何好，不能蹺課」等。無論是懲罰還是說教，很多家長都難免會對孩子說一些情緒性的話，比如：

☹「你膽子大了，學會蹺課了！翅膀硬了。」

☹「你蹺課去幹什麼了？你為什麼要蹺課？」

你告訴媽媽，為什麼要蹺課呢？
因為學校裡的小朋友都不和我玩。

☹「誰教你蹺課的？」

☹「你蹺課去哪了？你知不知道外面很危險？萬一你出意外怎麼辦？」

☹「跟你說過多少次了，你現在要好好讀書，將來才會有出息，蹺課是在自己害自己。」

前面這些話都把重點放在質問和教導孩子上，是**家長站在自己的角度，居高臨下的數落孩子的話，這樣很可能會引起孩子反感，讓孩子變得更加叛逆或討厭上學。**家長應先了解孩子蹺課原因，常見的有：

1. 上學遲到，怕被老師罵，不敢去上課，乾脆選擇蹺課。
2. 遇到挫折，不想去上課，如被欺負、被排擠、壓力大、成績不好等。
3. 孩子自控力差，貪玩。
4. 討厭上學，不想去學校。
5. 不喜歡某位老師，不想去上課。

在老師回饋孩子蹺課沒去上學時，家長務必保持理智和冷靜，平等、平和的與孩子對話，才有可能使孩子敞開心扉，主動說明蹺課的原因，這樣家長才能為孩子提供更好的幫助。

☺「老師說你蹺課了，能告訴媽媽你為什麼蹺課嗎？」

☺「學校打電話來說你蹺課了，媽媽很擔心你，怕你遇到危險。你蹺課去哪了？」

☺「你在學校過得不開心嗎？怎麼突然蹺課了？」

☺「媽媽知道你不是故意蹺課的，能告訴媽媽你蹺課去做了什麼嗎？」

絕大多數孩子都知道蹺課不對，不能蹺課。所以，當孩子出現蹺課行為時，家長無須再數落或責怪孩子，要控制好自己的情緒，心平氣和的與孩子溝通，搞清楚孩子蹺課的原因，然後再對症下藥，從根本上解決孩子蹺課的問題。

POINT

保持理智和冷靜，平等、平和的與孩子對話，才有可能使孩子敞開心扉，主動說明蹺課的原因。

×「為什麼要蹺課？蹺課去做什麼？誰教你蹺課的？」

○「你在學校過得不開心嗎？怎麼突然蹺課了？」

07 和同學打架

當家長因為孩子打架被老師請到學校的時候，大都會非常生氣，有些急躁的家長甚至不問青紅皂白，就怒氣沖沖的當眾訓斥、質問孩子，他們可能會對孩子說：

☹「你怎麼又打架了？你怎麼這麼不懂事呢？」

☹「我送你來學校，是要你來學習的，不是要你來打架的。」

☹「我有沒有跟你說過在學校不許和同學打架？」

☹「你為什麼要打架？你很行嗎？」

☹「我跟你說過多少次不能打架，你把我的話當耳邊風了嗎？」

打架了、打架了。
打架了、打架了。
我去找老師。

其實，**家長這種粗暴的訓斥和質問**，非但不能使孩子反思，反而**會引發自己和孩子之間的衝突，不利於親子之間的有效溝通**。與其這樣，家長不妨先穩定自己的情緒，試著去了解孩子打架背後的原因。一般來說，孩子打架的原因主要有以下四點：

1. 孩子希望透過打架來樹立自己的勢力，使同學看到自己、尊重自己。
2. 同學之間發生小摩擦，彼此都不想道歉，最後情緒一激動，就選擇用武力解決。
3. 孩子選擇打架，是為了報復他人。
4. 父母平時在孩子面前常常表現出暴力行為，或習慣用暴力的方式來解決問題，孩子打架不過是模仿父母的行為。

當老師反映孩子在學校與同學打架時，家長訓斥、質問孩子也好，安撫、詢問原因也罷，目的都是希望孩子日後能夠理智處理事情，不再採用打架這種暴力方式來解決問題。故當得知孩子和同學打架時，家長應該怎麼與孩子溝通呢？在這種情境中，哪些話更合適呢？下面是給家長的一些話語建議：

☺「打架不僅會傷害彼此，還解決不了問題，媽媽希望你能記取教訓。」

☺「孩子，需要媽媽給你一個擁抱嗎？我知道你並不是真的想打架。」

☺「媽媽希望你能做個有擔當的人，能夠避免打架等暴力行為。」

☺「現在是民主時代，遇到問題時我們應該選擇更友好的方式去處理，而不是打架，你覺得呢？」

☺「你肯定也希望和大家好好相處吧？媽媽知道你是因為自己被冒犯才動手打人的，但我覺得動手不是最合適的處理方式，你認為呢？」

前面的這些話語可以激發孩子的獨立思維，協助孩子主動思考打架對解決問題的意義，因為它是建立在親子關係平等的基礎上，要比父母居高臨下的訓斥孩子打架不對的方式柔和許多，而且也更容易被孩子接受。

POINT

引導孩子主動思考打架對解決問題的意義。

×「我跟你說過多少次不能打架，你把我的話當耳邊風了嗎？」

○「打架不僅會傷害彼此，還解決不了問題，媽媽希望你能夠記取教訓。」

接孩子放學回家的這段時間是家長了解孩子，拉近與孩子關係的黃金時段。但是，有些家長因為問了一些不合適的問題，最終非但沒有了解孩子，反而遏制了孩子交流表達的欲望。那麼，究竟有哪些話父母不該說呢？家長該如何改進呢？

01 在學校過得怎麼樣？

「今天在學校過得怎麼樣？」這是一個比較開放的問題，也是一天沒見到孩子的家長最常問的問題。然而，當家長問完這個問題後，常常會得到孩子比較馬虎、敷衍的回答，比如：「就那樣！」、「還可以！」、「一般般。」由此可見，這種話術並不適合打開孩子的心扉，激發孩子的表達欲望。類似的話還有下面這四種：

☹「你今天在學校做了些什麼？」

☹「老師今天在學校教了什麼？」

☹「你今天在學校的表現如何？」

☹「今天教的都會嗎？有沒有哪些不懂的？」

在接孩子放學的路上，家長若採用前面所列舉的這些話來提問，得到的常常只是孩子簡短的回答。究其原因，主要有如下幾種：

1. 這類話的問法過於籠統抽象，孩子懶得去梳理，從而選擇敷衍應答。
2. 孩子對家長的問題也沒有準確的判斷，只好含糊應對。
3. 家長經常這麼問，因此孩子覺得多說也沒什麼意義，不願認真作答。

歸根結柢，孩子不願認真回答父母的問題，主要是因為此類問題太過籠統、廣泛、乏味，無法激發孩子的表達欲望。因此，家長可以嘗試將問題具體化、明確化和簡單化。

☺「你今天在學校有沒有什麼開心的事發生呢？」

☺「今天上課學的，哪一個部分讓你覺得特別有趣？」

😊「學校今天有沒有發生什麼特別的事情？」
😊「今天上了哪些課？」

開心的事、特別的事、有趣的事等都屬於比較具體的問題，而且這些問題大都是孩子印象比較深刻的事情，是孩子無須再去總結、概括就能回答的。這樣的問題更能引起孩子的共鳴，激發孩子的表達欲望。因此，在接孩子放學的路上，家長可以稍微靈活變通一些，多嘗試一些比較具體、明確、簡單的話與孩子交流。

POINT

將問題具體化、明確化和簡單化，激發孩子的表達欲望。

×「你今天在學校做了些什麼？」

○「你今天在學校有沒有什麼開心的事發生呢？」

02 有沒有守規矩？

「有沒有守規矩？」這句話本質上是一個負面提問，潛臺詞是家長在告訴孩子「你總是沒有守規矩」。這其實是家長對孩子的一種偏見和不信任，極易引起孩子的排斥心理，親子談話氛圍自然也不會太愉快。下面簡單列舉幾個相似的提問：

☹「你今天有沒有欺負別人？」

☹「在學校有沒有不聽話？」

☹「有沒有做錯什麼被罰站？」

☹「你有沒有罵人？」

寶貝，今天在學校有
沒有守規矩呀？

在接孩子放學回家的路上，家長若是按前面列舉的這類話與孩子溝通，那很可能會是一場無效的溝通，**非但不能增進親子之間的感情，反而會削弱孩子的自信心和責任心**。理由有以下幾點：

1. 沒有將孩子放在與家長平等的位置上，而是家長居高臨下、不平等的單向溝通，容易使孩子產生不耐煩和叛逆的情緒。
2. 這些話都指向了孩子消極、負面的行為品行，極易打擊孩子的自信心。
3. 容易使孩子以為家長要責備自己，從而選擇向家長隱瞞或撒謊，不利於培養孩子的責任心。

其實，在接孩子放學回家的路上，家長並不適合和孩子聊負面、消極的行為。一方面是溝通效果不佳，對孩子負面、消極的行為的糾正並沒有好處；另一方面會使孩子產生厭惡情緒，不願意與家長繼續溝通，影響親子關係。家長可以與孩子聊一些愉快的、高興的話題，比如下面這類話：

☺「今天在學校吃了什麼好吃的呀？」

☺「你下課時玩了哪些好玩的遊戲？」

☺「今天有做什麼有趣的事情嗎？」

愉快、高興的話題更容易使家長放下架子與孩子平等的溝通，也更容易打開孩子的心扉，增強孩子的表達欲望，這對增進親子間的關係是有益的。因此，父母可以借助愉快、高興的話題與孩子在放學回家的路上暢聊一番。

POINT

與孩子聊一些愉快的、高興的話題，更容易打開孩子的心扉，增加孩子的表達欲望。

×「在學校有沒有不聽話？」

○「你下課時玩了哪些好玩的遊戲？」

03 有被老師罵嗎？

有些父母在接孩子放學時，常常會問：「有沒有被老師罵？」或「被老師罵了嗎？」無論孩子有沒有被罵，被這麼一問，就會想當然的去想「被老師罵」的負面訊息，自信心會因此而受到打壓，親子之間的溝通效果也會受到影響。下面所列舉的這些，也同樣是常被使用的負面問法：

☹「你上課有沒有分心恍神？」

☹「上課有沒有主動舉手回答問題？」

☹「對於老師講的內容，你都有聽懂嗎？」

☹「你上課有講話嗎？」

前面這些提問大都包含了一些負面訊息，容易使孩子先入為主的感知到負面訊息，比如「被罵了」、「上課時恍神了」、「沒舉手回答問題」、「沒聽懂老師講的內容」、「在課堂上講話了」等。之所以這麼說，是因為如下三方面的因素：

1. 當問句中含有負面訊息時，負面訊息會傳遞給對方焦慮的情緒，使人產生對抗心理。

2. 每個人都會有選擇性的去接收訊息，而問句中的負面訊息更能引起關注，更容易被孩子接收。

3. 在多數孩子的既有觀念中，家長始終都是高高在上的，因此面對家長的負面提問，孩子會誤以為是在質問或責怪。

總結上述原因，我們可以歸納一下，家長在接孩子放學回家的路上，最好**不要用含有負面訊息的問句來與孩子溝通，以免傳遞焦慮、緊張的情緒給孩子**，不利於親子對話。

家長可以稍微轉換一下思路，將含有負面訊息的問題轉化為正面的、積極的問題，以此來使孩子身心放鬆，從而增加孩子的表達欲望。下面是給家長的一些語句建議：

「你今天被哪位老師稱讚了呀？」

「你們班誰回答問題最積極呀？」

「如果你是老師，你覺得哪位同學表現最好？為什麼？」

在放學回家的路上，家長與孩子談論正面、積極的問題，一方面不易引起孩子的不適與反感，還能激發孩子的表達欲望；另一方面可以幫助家長更全面的了解孩子的在校情況，包括社交、課堂表現以及思想狀態等。由此可見，這種親子溝通方式是值得家長去嘗試和探索的。

POINT

不要用含有負面訊息的問句來與孩子溝通，以免傳遞焦慮、緊張的情緒給孩子。

×「你上課有沒有分心恍神？」

○「你今天被哪位老師稱讚了呀？」

04 有同學欺負你嗎？

近年來，校園霸凌事件引人關注。校園霸凌也成了孩子成長過程中，家長不得不面對的一個問題。

有些家長因為擔心孩子在學校遭到霸凌，常常會在接孩子放學時詢問孩子：「你今天有被同學欺負嗎？」殊不知，這種話會給孩子的身心造成一些消極影響，不利於孩子融入學校集體生活。以下列舉一些類似的話語，家長在生活中應注意避免。

☹「你有沒有被同學嘲笑？」

☹「有人給你取難聽的綽號嗎？」

寶貝，今天在學校
有同學欺負妳嗎？
沒有啊！媽媽為
什麼這麼問？

☹「同學們有沒有故意不跟你玩？」

☹「你最近有沒有和奇奇怪怪的孩子在一起？」

☹「有沒有同學故意推你、撞你？」

雖然，家長之所以這麼問，是出於害怕孩子被霸凌的心理，目的是防止孩子遭受霸凌。但是，這種問法不但很難使家長獲得想要了解的訊息，還會給孩子造成一定的傷害，具體分析起來，其原因主要是以下三點：

1. 上述提問話語會在無意中給孩子灌輸在學校就會「被欺負」、「被嘲笑」、「被取綽號」、「被孤立」的思想，可能會使孩子對學校印象不好，進而產生厭學，或不敢去學校的心理。
2. 這些話會影響孩子的社交意識，會導致孩子不敢或不願交朋友。
3. 如果家長總問這些問題，那孩子在潛意識裡就會主動去關注或擔憂這些問題，這對孩子的注意力培養、心理健康都是不利的。

其實，家長想要了解孩子在學校是否遭遇霸凌，並不一定非要用前面列舉的話，也可以換一種說法，從側面了解孩子在校的社交情況。比如，家長可以嘗試使用下面這些話與孩子溝通：

☺「你最喜歡跟誰一起玩呢？」

☺「剛才出校門的時候，好像看到你跟○○○一起走了，他是個什麼樣的人呢？」

☺「有沒有人給你取好聽的外號呀？」

☺「你最近跟朋友們在一起會玩什麼遊戲呢？」

透過詢問了解孩子在學校的交友情況、孩子間互取的外號，及其互動的遊戲，家長可以從側面了解孩子在學校的社交狀態，掌握孩子的心理和思想，進而可以及時幫助孩子形成積極、健康的社交思想和行為，保護孩子不被霸凌。

POINT

詢問孩子在學校的交友情況、孩子間互取的外號，及其互動的遊戲，家長可以從側面了解孩子在學校的社交狀態。

×「有沒有同學故意推你、撞你？」

○「你最近跟朋友們在一起會玩什麼遊戲呢？」

第四章

寫功課，問題多

陪孩子寫作業，是很多家長都非常頭疼的一件事。在這個過程中，家長的不良情緒常常會因為孩子的某些行為表現而不受控制，比如，孩子一寫作業就想上廁所、經常犯同樣的錯誤、學習重點一問三不知等。

家長的情緒一旦不受控制，說出的話也常常會比較粗暴，甚至極端消極。這類話通常有哪些？除了這些話之外，家長還可以怎麼說？

01 一寫功課就屎尿多

孩子一寫功課就想上廁所、喝水、吃水果，就是不願意在書桌前坐下來。遇到這種情況，不少家長總忍不住想發火，有時還會說出一些粗暴、極端消極的話，比如：

「怎麼一寫功課，你就想上廁所？」

「還不去寫功課啊，你要寫到半夜嗎？」

「你快點給我坐下來寫功課！」

「別拖拖拉拉了，你看看都幾點了？還不趕快寫作業。」

「我跟你說，功課沒寫完，你不許睡覺！」

快點寫功課。
媽媽，我想上廁所。

家長若是用前面所列舉的這些話來與孩子溝通，非但很難使孩子乖乖的坐在書桌前寫作業，反而**會加重孩子的叛逆心理，導致親子間的隔閡增大**。那麼，為什麼孩子一寫功課就想上廁所、喝水呢？究其原因，主要有以下四點：

1. 功課太多，需要花費的時間太長，因此孩子有抗拒的心態。
2. 功課太難，因此孩子心理壓力大，精神緊張。
3. 孩子不喜歡寫功課，尋找藉口逃避寫作業。
4. 孩子精力不濟，注意力渙散。

在沒有搞清楚孩子為什麼不想坐下來做作業之前，家長先不要急著指責和命令孩子，不妨試試用下面的話語與孩子溝通：

☺「你打算幾點開始寫作業呢？」

☺「你坐下來寫功課吧！媽媽在旁邊看書陪你，你要是遇到不會的題目，可以隨時問我。」

☺「寫完功課後，爸爸陪你看最愛看的卡通影片，好嗎？」

☺「跟媽媽說說，你為什麼總是在做作業時去廁所呢？是因為作業太難了嗎？」

家長講的話是不是合適，在某種程度上將決定孩子是否會形成「一寫功課就想上廁所」的條件反射，進而影響孩子寫功課的積極性。家長要巧妙的借助話語，幫助孩子克服寫功課的困難，讓孩子有意識的改掉習慣。

POINT

幫助孩子克服寫功課的困難，讓孩子有意識的改掉習慣。

×「別拖拖拉拉了，你看看都幾點了？還不趕快寫作業。」

○「寫完功課後，爸爸陪你看最愛看的卡通影片，好嗎？」

02 怎麼又錯了

家長在教導小孩寫功課時，可能常常會遇到孩子同樣的錯誤一犯再犯的情形。同樣一個學習重點，不論家長反覆強調了多少次，孩子依然會做錯。這時候，家長的情緒會受到很大的影響，極易對孩子說一些難聽的話，比如：

☹「你是要我講幾遍，怎麼都聽不懂？」

☹「你腦袋怎麼這麼不好？同樣的錯誤還要犯多少次？」

☹「你這樣怎麼行？成績怎麼會好？」

☹「你怎麼又錯了，做作業都不動腦子思考的嗎？」

這些以「你……」開頭的話，大都**具有強烈的指責和批評的語氣，極易使孩子感到恐慌，不利於幫助孩子解決常犯同樣錯誤這個問題**。導致孩子常犯同樣錯誤的原因有很多，常見的有以下四個：

1. 教材太難，超出了孩子的理解水準。
2. 寫功課時分心，對相關知識似懂非懂，理解不透澈。
3. 家長教導孩子寫功課時態度嚴肅，孩子為了盡快逃離，選擇不懂裝懂。
4. 孩子缺乏反思能力，做錯了不懂反思，也不找尋原因，最終一錯再錯。

孩子總在同類型的題目、同樣的概念上犯錯，的確很讓人生氣。但是，生氣終究解決不了問題。所以，家長在遇到孩子總犯同樣的錯誤時，務必先控制好自己的情緒，然後再運用合理的話語引導孩子分析犯同樣錯誤的原因。

☺「我發現你總在這個題型上出錯，是因為這個概念太難了嗎？」

☺「總犯同樣的錯誤不好，我們一起找出犯錯的原因，好嗎？」

「你經常在這類題型上犯錯，是因為太心急，沒有讀完題目就急著動筆寫，所以才會忽略了後半句話的意思，是嗎？」

「為什麼你總是在這裡犯錯？是觀念沒搞懂，還是注意力沒集中？」

針對孩子常犯同樣錯誤的情形，家長要保持平常心，切忌對孩子大吼大叫，更不要用言語來攻擊孩子，以免孩子因為緊張、害怕而說謊，不懂裝懂，最終導致同樣的錯誤一犯再犯。

POINT

避免用言語攻擊孩子，以免孩子因為害怕而不懂裝懂，導致同樣的錯誤一犯再犯。

× 「你是要我講幾遍，怎麼都聽不懂？」

○ 「你經常在這類題型上犯錯，是因為太心急，沒有讀完題目就急著動筆寫，所以才會忽略了後半句話的意思，是嗎？」

03 你上課都在做啥呀

遇到孩子一問三不知的情形時，家長常常會氣（急）得快升天，進而會對孩子說一些有損身心健康的話，比如：

☹「你上課帶耳朵了嗎？你都聽了什麼？」

☹「這也不會，那也不會，乾脆書別念了。」

☹「你怎麼什麼都不會啊？書都讀到哪裡去了？」

☹「你肯定是在課堂上發呆了，不好好聽課，你在想什麼呢？」

前面這些話大都把孩子一問三不知的原因歸結到了孩子身上，這是非常片

你真是一問三
不知啊！
我不知道⋯⋯。

面和粗暴的，對孩子很不公平，極易引起孩子的反感和叛逆。孩子之所以一問三不知的原因，可能有以下五點：

1. 孩子上課沒有好好聽講。
2. 上課內容太難，孩子無法理解，從而回答不出來。
3. 孩子學習的時候沒有動腦思考，眼睛雖然看著書本，但對內容確實不理解。
4. 孩子雖然知道，但表達能力有限，表達不出來。
5. 孩子當時心情不好，不願回答。

其實，很多事情的誘因都不是單一的，孩子一問三不知也一樣。家長不能簡單粗暴的將責任完全推到孩子身上。在沒了解清楚原因之前，家長應該要控制自己的情緒，並保持平和的口氣協助孩子找出原因，再與孩子共同探討解決方法。

☺「沒關係，你不要自暴自棄。我們一起來想辦法學習這些內容。」

☺「會就會，不會就不會，你要老實說，媽媽才能教你。」

☺「老師上課講的內容，你沒聽懂嗎？」

☺「對你來說，這個觀念的確是有些難度，具體是哪裡無法理解呢？」

☺「怎麼啦？你看起來心情很不好啊！願意跟我聊聊嗎？」

面對一問三不知的孩子，家長不要一味的將責任推到孩子身上，並試圖透過責備、批評來強化孩子的責任，想要讓孩子因自責、愧疚，進而認真學習。事實上，這種方法極易引起反作用。為了讓孩子把觀念學扎實、學到位，家長要學會使用恰當的話語來幫助孩子找到不懂的原因，而後針對具體原因提出具體的解決方案。

POINT

避免以講反話的方式來激發孩子的上進心。

× 「這也不會，那也不會，乾脆書別念了。」

○ 「老師上課講的內容，你沒聽懂嗎？」

04 抱怨功課太多

孩子總是抱怨功課太多寫不完，甚至不想寫功課，這令很多家長都十分苦惱。當遇到這種情形時，有些家長會以高高在上的姿態，對孩子進行各種指責和說教，比如：

☹「功課多嗎？我看你就是不想寫功課。」

☹「你有時間抱怨，還不如好好寫功課。你趕快寫，沒寫完不准睡覺！」

☹「功課多也是為你好，少廢話，你趕快寫。」

☹「就你功課多，別人就不多嗎？」

☹「多什麼多？我看是你廢話多，趕快寫！」

怎麼啦？你遇到
什麼問題了嗎？
唉，今天老師出
了好多功課啊！

當家長採用前面這些話應對孩子的抱怨時，無形中會將親子間的溝通推入不良境地，常常會讓孩**子帶著不愉快的情緒去寫作業**，**這對孩子的注意力、學習效率都會產生負面影響**。為什麼孩子會抱怨作業太多呢？具體原因又有哪些呢？下面簡單的列舉比較常見的幾種原因：

1. 孩子不願意長時間坐著寫功課，抱怨是希望家長調整一下學習計畫。
2. 題目難度大，孩子心生畏懼。
3. 孩子心不在焉，不想做作業。
4. 學習效率低。
5. 功課量確實太多了。

當孩子抱怨功課太多時，如果家長只是一味的指責孩子，那既不利於幫助孩子認識自身的缺陷和不足，也不利於提高孩子的學習效率和學習興趣。因此，家長要學會用積極的心態和語言來感染孩子，幫助孩子克服這個難題。

☺「我也覺得今天的功課稍微有點多，但如果做好時間安排，還是能很快寫完的。」

☺「怎麼啦？你是遇到什麼問題了嗎？」

☺「你說的功課多指的是所有功課吧！雖然每科功課不多，但加起來還是不少的。我們一科一科的做，相信很快就可以搞定啦！」

☺「你是不是不想一直坐在書桌前？你可以每做完一科休息一會兒嘛！」

當孩子以抱怨的心態向家長傾訴作業多時，家長要以積極、樂觀的態度回應，且言語間要對孩子的心理感受表示理解和認同，如此才能幫助孩子調整心態，更積極、高效的完成各科作業。

POINT

以積極、樂觀的態度回應，且言語間要對孩子的心理感受表示理解和認同。

×「多什麼多？我看是你廢話多，趕快寫！」

○「你說的功課多指的是所有功課吧！雖然每科功課不多，但加起來還是不少的。我們一科一科的做，相信很快就可以搞定啦！」

05 遇到不會寫的就擺爛

在教導孩子寫作業的過程中，有些孩子總是一有不會的就向家長求助，全部作業做下來，孩子能求助無數次。這令家長很頭疼，常常會氣急敗壞，繼而對孩子說一些不太中聽的話，比如：

☹「你不要一遇到難題就想找人幫忙，自己要先動腦想一下。」

☹「你就不會自己動腦筋想一下嗎？」

☹「叫什麼叫？你就不能自己寫嗎？要是我不在家，功課是不是就不做了？」

☹「別動不動就叫媽媽，那是你自己的作業，遇到難題也應該自己去解決，叫媽媽不管用！」

☹「平常不見你叫媽媽叫得這麼勤，這會兒知道叫媽媽了？」

前面這些話都帶有一定的消極情緒，不但會引發孩子的反抗心理，還會打擊孩子尋求幫助的積極性，增加孩子的挫敗感。為什麼孩子總是一遇到難題就求助家長呢？原因可能有：

1. 孩子極其依賴家長，遇到難題首先想到的是找家長。
2. 孩子缺乏獨立解決問題的能力，沒有主見。
3. 孩子懶得動腦，缺乏獨立思考的能力。

因此，在孩子一遇到難題就求助家長時，家長與其氣急敗壞的訓斥孩子，不如保持平和的心態，借助恰當的話語引導孩子解決難題。

☺「哪一題把你難倒了呀？你試過哪些解法呢？」

☺「這道題確實有點難度，你先別著急，我們一步一步來。」

☺「這道題目沒解出來，你心裡一定很不開心吧？你要不要換另一種解法試試呢？」

☺「你想要我幫你什麼呢？幫你梳理一下這個概念可以嗎？」

家長要巧借孩子求助的機會，運用話語引導孩子積極應對難題，幫他掌握解決難題的思路和方法，以培養並提升孩子的獨立思考和解決問題的能力。

POINT

引導孩子積極應對難題，幫助孩子掌握解決難題的思路和方法。

×「叫什麼叫？你就不能自己寫嗎？要是我不在家，你功課是不是就不做了？」

○「這道題確實有點難度，你先別著急，我們一步一步來。」

06 沒主見，不想動腦

孩子學習時往往會思維僵化、死板，最常見的表現就是老師怎麼講、家長怎麼說、書上怎麼寫，他就怎麼做，完全不懂得靈活變通，這令很多家長哭笑不得。在面對這種情況時，有些家長常常會用言語對孩子嘲諷和挖苦一番。比如：

「你這個笨蛋，怎麼就一點都不開竅呢？」

「你能不能有點自己的想法，不要總是這麼呆板？」

「你怎麼這麼死腦筋呢？你就不能稍微轉個彎，換一種思考方式嗎？」

「既然這種方法解不出來，你就不會靈活點，換一種方法嗎？」

寶貝，這幅畫中講
了什麼故事呢？

☹「你真是沒救了！這道題和書上例題的題型、解法一樣，你竟然告訴我不會做！」

孩子思維僵化，不懂得靈活變通，這並不利於培養孩子的創新思維，也不利於培養他們的好奇心和想像力。孩子之所以會這樣的原因可能有：

1. 父母對孩子管教過度，完全掌控著孩子的生活和學習，直接剝奪了孩子的想法和選擇權。
2. 父母自己思維僵化，無法給孩子營造一個具有創造性的想像空間。
3. 孩子的認知有限，總是片面、孤立、非黑即白的對待學習。
4. 孩子思想單一、眼界狹窄、排斥新事物，導致缺乏想像力和創造力。
5. 孩子沒有主見，不願動腦筋，將老師、家長的話及書本上的內容奉為金科玉律。

在本該想像力和創造力都極強的時期，孩子卻表現得思維僵化。家長在焦

POINT

根據孩子的狀態找出孩子不願意預習的原因，有針對性的進行話語引導，讓孩子對預習保持積極、主動的態度。

×「我逼你預習，你雖然現在不高興，但以後你會感謝我。」

○「你知道嗎，認真預習會提高學習興趣哦！你要不要試一試，先預習一、兩科呢？」

第五章

日常行為好脫序

在日常生活中，孩子的某些行為總會令家長很生氣，也很頭疼，比如，把房間弄得亂七八糟的、未經允許就拿家裡的錢、挑食、偏食、不主動跟長輩打招呼等。每到這種時候，一些不合適的話就會從家長的嘴裡蹦出。那麼，這類不合適的話有哪些呢？家長應該怎麼說才合適呢？

01 房間亂得像豬窩

在許多家長看來，亂七八糟的房間使人看起來很不舒服，而且極易影響人的心情和注意力。在看到被孩子弄得亂七八糟的房間時，很多家長都會感到身心疲憊，忍不住訓斥孩子幾句：

「你看看你的房間都亂成什麼樣子，也不知道收拾、整理。」

「你就不能稍微整理一下自己的房間嗎？」

「你的房間比垃圾堆還亂，簡直不是人住的，趕快收拾一下！」

「跟你說過多少遍了，要保持房間整潔，你看看你這房間都快變成『豬窩』了！」

哇！寶貝真棒！房間
收拾得很乾淨呢！

☹「連收拾房間這麼簡單的家事都不做，你將來還能有什麼出息呢？」

前面這些話對說服孩子做家務、整理房間的效果其實並不理想，反而會造成一些負面效果，比如，引起孩子的反感，認為父母過於嘮叨或要求太多等。很多時候，絕大多數家長都只是因為看到房間亂七八糟的表象而訓斥孩子，常常忽視自己可能是孩子不做家事的原因之一。比如：

1. 家長平時總將孩子的事情全攬在身上，導致孩子缺乏自理能力，不會做家事。

2. 孩子本來想參與，家長卻因孩子笨手笨腳而直接接手替孩子做，導致孩子形成了極強的依賴心理。

3. 孩子並不在乎房間是否整齊。

在孩子把房間搞得亂七八糟時，家長不妨藉此機會讓孩子從整理自己的房間開始，引導他學習做家事，提高孩子做家事的能力，增強孩子的自理能力。

家長可以嘗試用下面的話語引導孩子：

☺「房間有點亂了，你要不要跟媽媽一起收拾一下？」

☺「你要自己打掃房間，還是由我來打掃？如果我掃的話，我可能會不小心扔掉你的東西。」

☺「你可以整理一下自己的房間嗎？如果遇到不會整理的地方，你就告訴媽媽。」

☺「你的房間有些亂，如果你能稍微整理一下，看起來就會更舒服了，而且也不會有蟑螂到處亂爬。」

針對孩子弄亂房間這種現象，家長不要一味的強調孩子不應該把房間弄亂，或指責他，而要關注到其背後的原因，可以借助話語來引導孩子學會整理自己的房間，幫助他提升家事處理的能力，讓孩子變得更加獨立。

POINT

不要一味強調孩子不應該把房間弄亂，或指責他，試著用話語引導孩子從整理自己的房間做起。

×「你看看你這房間都快變成『豬窩』了！」

○「你要自己打掃房間，還是由我來打掃？如果我掃的話，我可能會不小心扔掉你的東西。」

02 什麼，我的小孩竟偷錢

對於孩子在沒有告知家長，未徵得同意的情況下，就拿走家長放在家裡的錢的行為，許多家長的態度是憤怒的。即便他們不打孩子，也少不了會對孩子訓斥一番。下面列舉一些家長訓斥孩子時常說的話：

- 「你竟然學會『偷』錢了？什麼時候學的？跟誰學的？」
- 「你知不知道這種未經允許就『拿』別人的錢的行為是犯法的，是要被抓去關的。」
- 「你說，你『偷』這些錢幹什麼？」
- 「你這種行為就叫做『偷』，應該要叫警察來抓。」

小小年紀不學好，
學偷錢！
騙人
小偷
以後怎麼辦

☹「小小年紀不學好，學偷錢！」

有些家長常常會將孩子未經大人允許，就拿家裡錢的行為與「偷竊」、「學壞」、「犯罪」等負面詞彙聯繫起來。常常抱著「你說什麼我都不聽，我只知道你『偷』東西了」的態度，強行給孩子貼上「偷」的標籤，根本不給孩子解釋的機會，這會給孩子的心理健康造成極大的傷害。而孩子未經同意，就從家裡拿錢的原因有很多，常見的有以下五個：

1. 孩子可能在學校遭到了霸凌，拿錢是為了保護自己。
2. 為了和同學攀比，孩子拿家長的錢做為自己炫耀的本錢。
3. 孩子對「偷」和「拿」沒有概念，認為家裡的東西都可以隨便拿。
4. 家長不給孩子零用錢，孩子只好選擇在大人不知情的情況下偷拿。
5. 孩子想透過拿錢來獲取家長的關注。

在不知道孩子從家裡拿錢的原因之前，家長應該先保持理智和冷靜，然後再用平和的話語與孩子溝通，了解孩子拿錢的動機。

「你為什麼要拿錢呢？是零用錢不夠用，還是遇到什麼事情了？想跟媽媽聊聊嗎？」

「如果你需要錢，可以跟爸爸媽媽說，只要需求合理，爸媽都會給你，但是不能未經允許就自己拿。」

「家裡的很多東西並不是可以隨便拿的！比如錢就不可以，需要經過爸媽的同意才能拿。」

孩子沒有經過大人的允許，就拿了大人放在家裡的錢，家長為此感到生氣、憤怒，也是人之常情。但是，家長**切不可因為生氣、憤怒就對孩子又打又罵，甚至將此事上升到孩子的人品、道德等問題上，以免使孩子產生深深的焦慮、恐懼、無助等情緒，從而影響孩子的身心健康。**

POINT

先保持理智和冷靜，然後再用平和的話語與孩子溝通，了解孩子拿錢的動機。

×「小小年紀不學好，學偷錢！」

○「家裡的很多東西並不是可以隨便拿的！比如錢就不可以，需要經過爸媽的同意才能拿。」

03 挑食、偏食

在飲食方面，有些孩子只吃自己喜歡的一種或幾種食物，除此之外的其他食物，他一概不吃，這會嚴重影響孩子的營養攝取和體格、腦力發育。這也是孩子挑食、偏食時父母會生氣、擔憂的主要原因。大概是因為「愛之深，責之切」吧，在孩子挑食、偏食時，有些家長常常對孩子說一些難聽的話。比如：

「不多吃蔬菜是長不高的！」

「不好好吃飯的孩子不是好孩子！」

「我看你是沒被餓過，才會這麼挑食、偏食！」

「愛吃就吃，不吃就餓肚子！」

寶貝，快點
再吃一口。
不吃、不吃。

☹「這個菜雖然不好吃，但是它營養價值高，你必須吃！」

誠然，家長之所以會對孩子說前面這些話，無非是為了讓孩子好好吃飯，從而能夠攝取更全面的飲食營養，其出發點是好的，但說的話並不合適。大多數孩子挑食、偏食都是有原因的，家長在立意良善的出發點前提下，再結合孩子挑食、偏食的原因，會更容易找到合適的話語引導孩子好好吃飯。

1. 家長帶頭挑食、偏食。
2. 孩子總吃零食，對吃飯興趣不大。
3. 食物比較單一，孩子沒有食慾。
4. 家長過分溺愛、嬌慣孩子，對於孩子不喜歡吃的食物，就不再上餐桌。

家長要視實際情況，找到孩子挑食、偏食的主要原因，再就具體原因分析，如此才能找到合適的話語引導孩子。

☺「今天晚餐，我們來比一比看誰吃的蔬菜最多，好嗎？」

☺「你最近吃太多零食了，都沒有留肚子吃飯。所以，媽媽決定規定你以後飯前一個小時不可以吃零食。」

☺「你最近有沒有想吃的菜呀？豆莢、白菜，還是蘑菇、馬鈴薯？番茄蛋花湯，還是排骨海帶湯啊？」

☺「苦瓜雖然苦，但可以清熱消暑，保護我們的身體健康。不然，媽媽吃一塊，你也吃一塊，好嗎？」

孩子挑食、偏食，不好好吃飯，屬於正常現象。家長與其強迫或反激孩子好好吃飯，不如多花點時間和精力去了解孩子挑食、偏食的主要原因，而後再對症下藥，有針對性的幫助孩子逐漸改掉挑食、偏食，不好好吃飯的習慣。

POINT

視實際情況，找到孩子挑食、偏食的主要原因，而後再對症下藥。

×「我看你是沒被餓過，才會這麼挑食、偏食！」

○「今天晚餐，我們來比一比看誰吃的蔬菜最多，好嗎？」

04 不願主動打招呼

有些家長會因為孩子沒主動向長輩打招呼，就生氣的給孩子貼上沒有禮貌的標籤，甚至常常在長輩面前訓斥孩子，用粗暴的語言強行要求孩子打招呼。

下面是一些常見的，父母強行要求孩子主動與長輩打招呼時說的話：

- 「你怎麼這麼沒禮貌？看到人，還不趕快問好。」
- 「都多大了，還不知道主動向長輩打招呼。」
- 「在長輩面前，你要主動打招呼，問候一下啊！」
- 「你不會說話嗎？快打招呼啊！」
- 「你怎麼不打招呼？真是沒禮貌！」

☹「你是啞巴嗎？看到人不會叫啊！」

大多數時候，當孩子在長輩面前沒有主動打招呼時，很多家長開口的第一句話大都是指責孩子不禮貌，他們幾乎不考慮孩子的感受，因而常常會忽視孩子不向長輩打招呼的原因。比如：

1. 孩子不知道怎麼跟長輩打招呼。
2. 孩子見到長輩緊張、害怕，不敢大聲打招呼。
3. 孩子內向害羞，不敢開口。
4. 家長平時也不主動與他人打招呼，沒為孩子做好榜樣。

從前面這些原因可以得知，**孩子不主動與長輩打招呼並不全是不禮貌**。因此，再遇到孩子不主動跟長輩打招呼時，家長先不要生氣、煩惱，可以主動問問孩子不打招呼的原因，再協助孩子了解主動打招呼的重要性。比如：

「你看到長輩一定很緊張吧！但是緊張也要打招呼哦，這是非常重要的禮節。」

「今天來家裡的長輩你可能都不太熟悉，來，媽媽介紹你跟他們認識一下。」

「媽媽希望你能主動上前跟長輩打招呼！你想去試試嗎？」

「你看，爸爸在跟長輩打招呼，你要不要像爸爸那樣，也去跟大家打個招呼呀？」

家長用話術主動詢問孩子不向長輩打招呼的原因，一來有助於父母找到孩子不打招呼的根本原因，二來可以給孩子傳遞家長關心他們情緒和感受的態度，能夠增近親子之間的感情，可謂一舉兩得，值得廣大家長借鑑。

POINT

孩子不主動與長輩打招呼並不全是不禮貌，很可能是因為不知道怎麼稱呼對方，父母可以主動詢問孩子原因，再協助孩子了解主動打招呼的重要性。

×「你是啞巴嗎？看到人不會叫啊！」

○「今天來家裡的長輩你可能都不太熟悉，來，媽媽介紹你跟他們認識一下。」

05 大人講話，小孩插嘴

當家長與朋友或客人談話時，孩子總愛插嘴，要麼問這問那，要麼斷章取義，試圖加入大人的談話，致使談話被打斷，這會令家長尷尬不已。這個時候，有些家長會因為尷尬、生氣而對孩子說一些不好聽的話，常聽到的有以下幾種：

☹「你怎麼這麼討人厭，總是打斷大人的談話！」

☹「大人說話，小孩子別老愛插嘴，你懂不懂禮貌？」

☹「我有沒有跟你講過，大人說話時小孩子不能插嘴？為何我都講了幾十遍了，你的老毛病還是改不了？」

你這孩子，怎麼這麼愛插嘴？你給我回房間好好反省。
我就想在這裡玩！

「你沒看到媽媽正在跟別人說話嗎？你老愛插嘴是怎麼回事啊？」

面對大人談話時孩子插嘴的情形，家長常常會質問或指責孩子，很少會去探究孩子插嘴背後的原因。家長在不了解原因的前提下，只是**一味的質問或指責孩子，非但不能使孩子意識到愛插嘴是一種不禮貌的行為，反而會使孩子感到委屈，甚至會使孩子缺乏安全感**。因此，在孩子插嘴時，家長首先要控制好自己的情緒，其次才是冷靜理智的去分析原因。一般情況下，可能的原因有以下五點：

1. 孩子想表達自己的感受，想被大人看到。
2. 孩子總以自我為中心，不懂得尊重他人的感受。
3. 孩子對大人所討論的事情感興趣，想參與其中。
4. 家長也喜歡在外人面前插話，給孩子樹立了不好的「榜樣」。
5. 孩子沒有耐心，有問題就想立刻得到家長的解答。

了解孩子愛插嘴的原因後，家長就可以提前想好對策，幫助孩子逐漸改掉愛插嘴的習慣。同時，在幫助孩子的過程中，家長還可以借助話語引導或鼓勵孩子，讓孩子感受到自己沒有被忽視：

- 「如果你正在和好朋友聊天，媽媽總在旁邊插嘴，你會不會覺得媽媽很煩呢？」
- 「大人在談事情時，你總在旁邊插嘴，勢必會干擾大人交談，這是非常不禮貌的。」
- 「媽媽要和同事談工作上的事情，你自己先玩一會兒。如果中途你有什麼話要跟媽媽說，我希望你能耐心的等我們把事情談完，我相信你能做到！」
- 「媽媽希望你在插話前能給媽媽一個暗號，比如，『不好意思，我需要打斷一下。』然後，在獲得媽媽的允許之後再說話。當然，最好是不要插話！」
- 「如果我的話還沒說完，就被人打斷，那我會很不高興的。」

家長不要將孩子愛插嘴定義為不好的、消極的行為習慣。事實上，**孩子愛插嘴展現了孩子的求知慾強、表現慾強和思維敏捷**。因此，家長要做的是引導孩子懂得適合插嘴的時機、方式和場合，以保護孩子的求知慾、表現慾，保持孩子的思維敏捷性。

POINT

了解孩子愛插嘴的原因，家長就可以提前想好對策，幫助孩子逐漸改掉愛插嘴的習慣。

× 「大人說話，小孩子別老愛插嘴，你懂不懂禮貌？」

○ 「如果你正在和好朋友聊天，媽媽總在旁邊插嘴，你會不會覺得媽媽很煩呢？」

06 沉迷於電視

看電視本身屬於一種娛樂消遣的方式，不是什麼傷害人的洪水猛獸，但若是沉迷於看電視，那就不一樣了。孩子沉迷於看電視，不但會危害孩子的視力和聽力，還會阻礙孩子的智力發展和身體發育，對孩子的傷害極大。這也是家長不願意讓孩子沉迷於看電視的部分原因。當孩子沉迷於看電視時，大多數家長會粗暴的關掉電視，然後對孩子進行一番說教。下面是常見的家長會對孩子進行說教的一些話，值得大家引以為戒：

- 「你要是把看電視的精力用在學習上，我就不用擔心你的成績了。」
- 「你都幾歲了，不好好在課業上努力，一天到晚就只知道看電視。」

十點了，
該睡覺了！
我不要，我不
想睡，我還要
看電視。

☹「電視有什麼好看的？你有時間看電視，還不如多看一點書，多複習一點功課。」

☹「都幾點了，你還在看電視啊！明天還要不要上學？」

大多數家長在粗暴的關掉電視之後，常常還會抓住這個機會，對孩子說教、嘮叨一番，想以此來勸導孩子好好學習。然而，家長這麼做非但沒有效果，反而更容易招孩子厭煩，誘發孩子的逆反心理，加大親子間的隔閡。

很顯然，這種簡單粗暴的方式並不能幫助孩子改掉沉迷於看電視的習慣。因此，家長要尋找導致孩子沉迷於看電視的具體原因，然後再制定相關的解決方案。而導致孩子沉迷於看電視的主要原因，可能有以下四點：

1. 家人也沉迷於看電視。
2. 孩子缺少爸爸媽媽的陪伴，電視成了孩子的「保母」。
3. 親子關係不和諧，孩子透過看電視與家長反抗。家長越不給看，孩子越要看。

4. 孩子出現認知偏差，以為可以透過電視學到知識。

按理說，找到具體的原因，就能制定相應的解決方案。但是，不論家長採取什麼解決方案，最終都免不了要用話語與孩子溝通，而此時說什麼，往往決定了解決方案能否順利實施，以及實施效果如何。

☺「看電視的時間已經結束了哦，你該去洗臉了。」

☺「寶貝，再過半小時，你睡覺時間就到了，到時你要乖乖去睡覺喔。」

☺「媽媽已經按約定的時間調好鬧鐘，等一下鬧鐘響了，你要主動關掉電視，好嗎？」

為了幫助孩子養成有節制的看電視的習慣，家長首先要做好榜樣，放下手機，離開電視，給孩子更多的陪伴。其次，家長要學會與孩子溝通，一起商討看什麼節目、看多長時間，並制定一個合理且孩子願意接受的計畫。最後，家長要做好監督，要學會用話語提醒，和引導孩子改掉沉迷於看電視的習慣。

POINT

為了幫助孩子養成有節制的看電視的習慣，家長除了要做好榜樣外，還可以與孩子商討看什麼節目、看多長時間，制定一個合理且孩子願意接受的計畫。

×「都幾點了，你還在看電視啊！明天還要不要上學？」

○「寶貝，再過半小時，你睡覺時間就到了，到時候你要乖乖去睡覺喔。」

第六章

和「壞」孩子在一起

孩子在社交過程中會出現各種問題，比如，和「壞」孩子玩在一起、不願意與他人分享、與朋友發生衝突、喜歡攀比、兄弟姊妹之間愛爭吵等。在面對這些問題時，家長經常會出言干涉，然而哪些「言」屬於不太恰當的呢？恰當的「言」又該怎麼說呢？

01 什麼才是壞朋友？

有些家長希望孩子能和優秀的好孩子玩在一起，目的是希望孩子能有個學習的榜樣，從而變得更優秀。所以，當孩子與家長眼中的「壞」孩子玩在一起時，家長常常會因為害怕孩子被帶壞，而講出一些不適合的話來阻止孩子與他交往，比如：

「你交的那些朋友，一看就不是什麼好孩子，以後你必須離他們遠點，不要被帶壞了。」

「跟你講過多少遍了，不要和壞朋友玩，會學壞的。以後不許再和他一起玩了！」

你今天在學校
都跟誰玩了？
爸爸的臉為什麼
那麼臭？

☹「以後不許你和成績不好的人玩，聽見了嗎？」

☹「你和那些人一起玩，除了學一堆壞毛病之外，還能學到什麼？」

在孩子應該交什麼朋友這個問題上，大多數家長表現得都很現實和功利，他們總是運用自己的社交觀念來要求孩子，一旦孩子有所違背，他們就會粗暴的喝斥孩子，強迫孩子按照自己的社交觀念做出改變。

然而，很多時候，家長越是喝斥，越是要孩子做出改變，孩子就越不聽，親子關係也因此變得越緊張。其實，在和誰玩這個問題上，孩子是有自己的想法的，父母不妨花點時間聽聽他的想法。一般來說，原因不外以下四點：

1. 他身上有吸引孩子的地方。
2. 孩子缺少朋友，只有他願意跟孩子做朋友。
3. 他可以給孩子帶來安全感。
4. 兩人有相同的興趣、性格和信念。

在不清楚孩子為什麼會和壞朋友玩在一起之前，家長最好不要大張旗鼓的講「近朱者赤，近墨者黑」的道理給孩子，更不要抱著「我要你不要跟〇〇〇玩，都是為你好」的態度去強制中斷孩子的社交。家長可以試著和孩子做朋友，平等的和孩子探討什麼是壞朋友，該不該與他交朋友，以及為什麼不要和他交朋友，積極引導孩子主動思考。

☺「來，我們聊一下，什麼樣的朋友是壞朋友。」

☺「媽媽認為交朋友在你這個年齡非常重要，尤其是選擇跟什麼樣的人成為朋友，你覺得該不該與壞孩子交朋友呢？」

☺「你能告訴媽媽，你為什麼會和老師口中的壞學生成為朋友呢？他有哪些地方值得你學習？」

☺「媽媽覺得你的朋友脾氣有些暴躁，遇到事情時不太冷靜，常常會選擇用暴力解決問題。因為這一點，媽媽不希望你繼續和他玩。當然，交朋友是你的自由，這只是媽媽給你的一個建議，決定權還是在你自己的手上。」

在交朋友這個問題上，孩子不像家長那麼理智，家長大都是站在「這個朋友會給孩子帶來什麼好處」的角度，從成績、家庭背景、價值觀、為人處世、他人評價等各方面來評判這個朋友是否值得孩子去交。但孩子可能就是因為兩人擁有相同的興趣愛好、共同的話題、合得來的性格，就和對方成了朋友。

換句話說，孩子和什麼人成為朋友，其實是有自己的想法和判斷的。家長需要做的就是在鼓勵孩子自由社交的同時，告訴孩子哪些事可以做，哪些事不能做，引導孩子健康社交。

POINT

孩子要和什麼人成為朋友，是有他自己的想法和判斷的。家長只需在鼓勵孩子自由社交的同時，告訴他哪些事可以做，哪些事不能做。

×「你交的那些朋友，一看就不是什麼好孩子，以後你必須離他們遠點，不要被帶壞了。」

○「來，我們聊一下，什麼樣的朋友是壞朋友？」

02 小氣，不願與他人分享

分享是孩子與同齡人建立良好關係的重要方式，是孩子人際關係和諧的重要保障。正因為如此，家長才會在孩子不願意與他人分享時表現得十分生氣和擔憂，有些家長甚至會用一些不恰當的話來給孩子貼各種消極標籤，比如：

☹「你這麼自私，一定沒有人願意和你玩。」

☹「我看你並不是不願意與別人分享，而是沒有朋友可以分享吧！」

☹「你這麼自私，難怪會沒有朋友。」

☹「你這麼小氣，以後誰還會願意把自己的東西分享給你？」

☹「你再這麼自私，媽媽就不愛你了。」

這是我的，你
不許玩！
哼，我才不要。

「自私」、「小氣」、「沒朋友」等都是某些家長在孩子不願意與他人分享時，貼在孩子身上的負面標籤。這些標籤不但會傷害孩子的自尊心，還會使孩子不願意分享的行為變本加厲。那麼，孩子為什麼不願意與他人分享呢？其主要原因有如下四點：

1. 孩子把分享等同於失去，只看到了分享中的失去，沒有感受到分享帶來的快樂。
2. 孩子個性謹慎，常以自我為中心，不願意與他人分享。
3. 要分享的東西對孩子來說過於珍貴，孩子捨不得。
4. 有些東西孩子怕分享之後，會被別人超越，如學習方法、學習資料等。

在找到孩子不願意與他人分享的原因之後，家長要多給孩子一些引導和鼓勵，讓孩子從分享中感受到幸福和樂趣，從而更願意主動與他人分享，進而能更加融入群體。

☺「從表面上看，我們把好吃的拿來與人分享，的確是失去了一些好吃的，但是，我們可能會因此交到朋友，獲得快樂啊！」

☺「你不願意跟其他同學分享你的學習心得與方法，是因為害怕他們贏你嗎？如果真是這樣，那代表你自信還不夠喔！」

☺「每個人都喜歡吃美食，而你又剛好有，拿出來和大家一起吃，那樣大家都會開心，你覺得呢？」

☺「你認為這是一本十分有趣的故事書，你的朋友也對這本書感到好奇，你想和你的朋友一起再讀一遍嗎？」

對孩子來說，分享非常重要，它是孩子交朋友和獲得友誼的重要途徑，也是孩子學習和成長的重要方法。因此，面對不願與他人分享的孩子，家長切忌給孩子貼上負面的標籤，要多給孩子一些鼓勵，以幫助孩子學會主動分享，在學習中成長。

POINT

避免給孩子貼上負面標籤，多給孩子一些鼓勵，讓孩子從分享中感受到幸福和樂趣，從而更願意主動與他人分享。

×「你這麼自私，難怪會沒有朋友。」

○「從表面上看，我們把好吃的拿來與人分享，的確是失去了一些好吃的，但是，我們可能會因此交到朋友，獲得快樂啊！」

03 和朋友吵架、起衝突

在社交過程中，孩子與朋友發生衝突，本身就是一件很平常的事。但有些家長生怕自家孩子受到欺負，常常不問青紅皂白，就盲目的提供一些不合適的應對方法給孩子，從而使原本很平常的事變得複雜起來。比如：

「他欺負你，你怎麼沒有告訴老師呢？」

「他是怎麼欺負你的？走，你帶我去找他。」

「以後我們不要跟他玩了。」

「好端端的，他為什麼要欺負你呢？肯定是因為你太好欺負了。以後他要是再欺負你，你也欺負回去。」

什麼事讓孩子
這麼不開心？
哼！我再也不跟○○○
玩了！我討厭他。

前面所列舉的這些話並不能解決孩子的問題，反而會剝奪孩子提升解決衝突能力的機會。另外，如果孩子聽取了家長的上述建議，那他們極有可能會形成暴力行為或依賴的性格，更不利於解決衝突。如果家長想要提升孩子解決衝突的能力，首先要做的是了解衝突發生的原因。下面列舉一些容易導致孩子之間發生衝突的原因：

1. 孩子在社交中不懂得分享與合作。
2. 孩子的語言表達能力有限，遇到問題時無法正確的運用語言來表達。
3. 孩子之間在意見、觀念上出現了分歧。

那麼，家長要怎麼做才能了解孩子之間發生衝突的原因呢？最簡單有效的方法就是，借助合適的話語來引導孩子表達自己的情緒，從而主動說出衝突發生的原因。

☺「和朋友吵架，你一定很難過。需要媽媽抱抱你嗎？」

☺「你能和媽媽說說你與朋友之間發生了什麼事嗎？」

☺「你和朋友肯定都不希望發生衝突，相信你心裡一定很難過，你朋友肯定也難過。你能告訴媽媽為什麼會發生衝突嗎？」

☺「你有沒有什麼好的方法，能化解你和朋友之間的衝突呢？」

解決衝突的能力是孩子在人際交往中必備的一項能力，它不但影響孩子社交能力的提高，還影響孩子情商的發展。因此，家長務必做好引導，幫助孩子學會合理的表達意見或分歧，能夠主動化解或避免衝突。

POINT

引導孩子學會合理的表達意見或分歧，並能夠主動化解或避免衝突。

×「他是怎麼欺負你的？走，你帶我去找他。」

○「你能和媽媽說說你與朋友之間發生了什麼事嗎？」

04 喜歡和別人比來比去

孩子在社交過程中，常常會出現「別人有什麼，我就要有什麼」的盲目攀比心理。每當孩子因攀比而追著家長要這要那時，有些家長常常會因為無奈、生氣而對孩子說一些不恰當的話，比如：

☹「你怎麼什麼都想要啊？你知不知道爸媽賺錢有多不容易？你能不能懂事點，不要亂花錢？」

☹「你小小年紀不學好，非要跟人家比吃的、穿的、用的，怎麼不跟人家比功課呢？」

☹「你看看○○○，多懂事，成績又好，又不亂攀比。再看看你，一點上

我要背名牌書包，同學都有，就我沒有。
就因為同學們都背，你才吵著要買嗎？這個理由無法說服媽媽！

進心都沒有，還整天愛慕虛榮！」

☹「買買買，你就知道買，有本事自己賺錢去買啊！」

前面這些話非但不能打消孩子盲目攀比的念頭，還會使孩子堆積更多的負面情緒，嚴重危害孩子的心理健康。由此可見，家長說的話會影響孩子攀比心理的發展方向。其實，孩子喜歡攀比的原因有很多，常見的有以下三點：

1. 孩子害怕自己與其他人不一樣，攀比是為了獲得集體的認同。
2. 家長總拿自家孩子與別的孩子比較，或者家長也愛攀比，從而在無形中使孩子也形成了攀比心理。
3. 孩子企圖從攀比中獲得優越感和自信。

當家長發現自家孩子產生攀比心理，喜歡攀比時，一定要與孩子做好溝通和疏導，找到孩子喜歡攀比的原因，再根據具體原因教導孩子正確的價值觀。

☺「如果你想透過某件物品來融入某個群體的話，媽媽覺得那很膚淺，而且這樣的群體也很難給你帶來好的影響。我認為你可以充分發展你的興趣愛好，讓你的興趣愛好成為打開社交之門的鑰匙。」

☺「『別人有，我也要有』這個理由無法說服媽媽買。當然，你也可以用你的零用錢去買，這是你的自由。」

☺「媽媽覺得和別人攀比就是在給自己徒增煩惱，你不妨試著和自己相比，把今天的自己和昨天的自己相比。如果你能從中找到一點進步，就是值得高興的。」

☺「你想要的這些，爸媽都可以提供給你，但那畢竟不是你自己透過努力得來的，即便你最終占了優勢，也不光榮。」

在孩子喜歡攀比、盲目攀比時，家長講的話就顯得尤為重要。家長在說的時候，要注意不要給孩子太多的壓力，也不要一味的滿足孩子的欲望，要以身作則，給孩子做好榜樣，以幫助孩子樹立正確的價值觀，塑造健全的人格。

POINT

找到孩子喜歡攀比的原因，再根據具體原因教導孩子正確的價值觀。

×「比吃的、穿的有什麼出息，有本事跟人家比成績啊！」

○「『別人有，我也要有』這個理由不能說服媽媽買。當然，你也可以用你的零用錢去買，這是你的自由。」

05 孩子之間愛爭吵

在擁有兩個或兩個以上孩子的家庭中，孩子之間發生爭吵幾乎是不可避免的。然而，當孩子發生爭吵時，有些家長會因為各式各樣的原因，如情緒不佳、事務繁忙等，或有意無意的講錯話，企圖用這些錯誤的話語來讓孩子停止爭吵。下面是一些家長常說的錯誤話語：

☹「你是姊姊／哥哥，你得讓弟弟／妹妹。」

☹「你是怎麼當哥哥／姊姊的？」

☹「弟弟／妹妹又不是故意的，你何必得理不饒人呢？」

☹「別人家的兄弟姊妹都是相親相愛、互相幫助的，為什麼你們偏偏就不

這些都是我的！
是我的！
那是媽媽買給我的！

能好好相處呢？」

☹「你們太吵了！都給我出去！」

前面這些話要麼從要求年長的孩子學會謙讓和忍耐出發，要麼直接採取一些指責、暴力的語言。前者可能會使哥哥或姊姊養成忍耐或叛逆的性格，後者則直接給孩子傳遞了憤怒、暴躁的情緒，這兩種話語對培養孩子健全的人格都是不利的。那麼，兄弟姊妹之間為什麼會發生爭吵呢？

1. 想透過爭吵來獲得家長的關注。
2. 孩子之間出現了利益衝突，誰也不願妥協。
3. 年紀小的孩子往往會仗著家長的偏愛而無理取鬧，而年紀大的不想對此退讓。

耐心傾聽孩子解釋爭吵的原因，站在孩子的立場去理解孩子，而不從家長的角度去判定誰對誰錯、誰好誰壞，這才是明智的家長處理孩子爭吵的有效方式。此外，家長要試著去尋找與孩子溝通的恰當話語，積極引導孩子和睦相處。下面提供一些話語建議：

☺「發生什麼事啦？能一個一個的來說給媽媽聽嗎？」

☺「弟弟搶了你的玩具，你覺得很委屈吧？」

☺「喜歡的東西被弟弟／妹妹弄壞了，你一定很難過吧？」

☺「媽媽不喜歡看到你們爭吵，你們能討論一下如何好好相處嗎？」

☺「你把哥哥／姊姊心愛的東西弄壞了吧？接下來你要怎麼跟哥哥／姊姊和好呢？」

其實，兄弟姊妹之間相處也屬於孩子的社交，而兄弟姊妹之間能否和睦相處，在一定程度上是可以反映孩子的社交能力強弱的。因此，家長在處理孩子的爭吵時，必須借助恰當的話語來進行教導，以幫助孩子提升社交能力。

POINT

耐心傾聽孩子解釋爭吵的原因，並站在孩子的立場去理解孩子，而不從家長的角度去判定誰對誰錯、誰好誰壞。

×「妳是姊姊，妳應該讓弟弟。」

○「弟弟搶了你的玩具，你覺得很委屈吧？」

第七章

孩子出門不受控

家長帶孩子出遊，一方面是為了拓展孩子的眼界，增長孩子的見識；另一方面是為了增進親情，拉近親子關係。然而，在出遊的過程中，家長總會因為這樣那樣的突發狀況，對孩子發飆，說出不好聽的話，破壞了大人、孩子的出遊心情，導致親子之間出現隔閡。

那麼，這些突發狀況具體有哪些呢？家長在遇到這些狀況時，應該怎麼和孩子溝通才更合適呢？

01 看到什麼都吵著要買

家長在帶孩子出遊的旅途中，常常會遇到孩子看到什麼都想買回家的情況。為了讓家長買給自己，孩子要麼撒嬌耍賴，要麼當場大哭大鬧，這兩種方式都極易導致家長情緒急躁，進而用不滿的語氣跟孩子對話，比如：

☹「這東西買來有什麼用？簡直就是浪費錢，不買。」

☹「買吧，買吧！早知道就不帶你出來了。」

☹「你怎麼啥都想買，有本事自己賺錢買啊？」

☹「買呀！買了下次就不帶你出來玩了。」

☹「不買，快走，再不走我就自己走了，留你一個人在這裡！」

我們先約定好，在超市裡不能隨便拿東西。
我知道了，媽媽。

前面所列舉的這些話裡都充斥著不滿，不論最後家長有沒有給孩子買他想買的東西，都無法給孩子帶來愉悅感，反倒會令他感到不安。孩子之所以有看到什麼都想買回家的心理，原因可能如下：

1. 對金錢、數字沒有概念，不知道家長的錢是怎麼來的。
2. 孩子只在乎東西新不新奇、好不好玩，不在乎是否有用。
3. 看到別的孩子有，自己也想要有。
4. 孩子無法克制自己的欲望。

在出遊路上，孩子必定會看到很多新奇的、有趣的事物，若孩子每看到一件就想買一件，那自然會有一些要求是不合理的。

面對這些不合理要求，哪怕是孩子撒嬌、耍賴也好，大哭大鬧也罷，家長都不應該大吼大叫，用不滿的語氣跟孩子對話。面對這種情形，家長可以試試用下面這些話與孩子溝通：

☺「你先告訴媽媽，你為什麼想買這個商品，好嗎？」

☺「媽媽很愛你，也很想買這個玩具給你，但這個玩具家裡已經有兩個了，不可以再買了。」

☺「哭解決不了問題，你要是還想哭，那就等你哭完了，我們再討論，好嗎？」

☺「你要不要先去前面逛逛？前面好像還有更有趣的東西呢！」

家長不能因為孩子要什麼就買什麼，也不能因為孩子哭鬧、無理取鬧而妥協，更不能生硬的拒絕孩子的要求。家長要能看到孩子的情緒，給孩子相應的回應，借此機會幫助孩子建立正確的消費觀念，培養孩子的金錢意識。

POINT

家長不能因為孩子要什麼就買什麼，也不能因為孩子哭鬧、無理取鬧而妥協。應藉此機會幫助孩子建立正確的消費觀念，培養孩子的金錢意識。

×「不買，快走，再不走我就自己走了，留你一個人在這裡！」

○「哭解決不了問題，你要是還想哭，那就先等你哭完了，我們再討論，好嗎？」

02 出遊時，鬧情緒

家長在帶孩子出遊的過程中，難免會出現孩子在大庭廣眾之下鬧情緒的情形。遇到孩子當眾鬧情緒，這是家長在帶孩子出遊的過程中，所遇到的一個比較大的難關和挑戰。有些家長在試圖安撫孩子情緒的過程中，常常會因為失去耐心而情緒激動，一時氣急敗壞當眾訓起了孩子，還說了一些讓孩子不安的話，比如：

☹「別鬧了，好不好？你看大家都在笑你呢！」

☹「閉上你的嘴巴！不聽話，你試試！」

☹「你看周圍有哪個小朋友在哭啊？你也太不乖了。」

☹「你別鬧了，再鬧我就把你一個人留在這裡了！」

☹「你再這樣鬧，下次就不帶你出來玩了！」

☹「閉嘴，帶你出來玩，還這麼不乖，你怎麼這麼難伺候呢？」

前面這些話容易給孩子幼小的心靈帶來傷害，如心生不安，質疑父母對自己的愛等。其實，孩子天性好玩，出遊時大都都很興奮，在出遊時鬧情緒必然是有原因的，常見的原因有以下五點：

1. 餓了、渴了、熱了、冷了、累了、無聊或不舒服了。
2. 對旅遊景點不感興趣。
3. 旅途中遇到了困難，如山太高了，爬一半不想爬了。
4. 還沒玩夠，家長就催著離開。
5. 對於想要的東西，家長不肯買。

孩子在旅途中鬧情緒，家長在安撫時，務必先控制好自己的情緒，而後再心平氣和的去接納孩子的情緒，理智恰當的運用話語協助孩子表達鬧情緒的原因。下面是給家長的一些話語建議：

☺「你怎麼突然不高興啦，發生什麼事了？你來跟媽媽說說。」

☺「哭得這麼傷心，你一定很難過吧？要不要媽媽抱抱？」

☺「我們先坐會兒，你先喝口水、休息一下，好嗎？」

☺「你想哭的話，媽媽在這裡陪你，等你哭完，我們再繼續玩，好嗎？」

☺「你這樣鬧情緒，也不跟媽媽說為什麼，媽媽一時也猜不到你想要做什麼。不然，你先跟媽媽說你的想法，然後我們再一起想辦法解決，好嗎？」

在出遊的過程中孩子鬧情緒時，家長要留意說出口的話，以免因為說出不合適的話，而使孩子心裡不安，破壞親子之間的關係。另外，家長用好話語可以協助孩子表達情緒，從而能夠更有效的安撫孩子的情緒。

POINT

孩子在旅途中鬧情緒，家長在安撫時，務必先控制好自己的情緒，然後再心平氣和的去接納孩子的情緒，理智恰當的運用話語協助孩子表達鬧情緒的原因。

×「閉上你的嘴巴！不聽話，你試試！」

○「你怎麼突然不高興啦，發生什麼事了？你來跟媽媽說說。」

03 一直問「為什麼」，很煩

在帶孩子旅遊的途中，很多孩子對途中的所見所聞都會感到好奇，他們總是纏著家長問這問那，有些問題更是問得無厘頭，讓家長無從回答。當孩子問題太多時，有些家長會顯得很不耐煩，從而對孩子說一些負面的話，比如：

☹「你哪來那麼多『為什麼』，就你問題最多，很煩！」

☹「你別問了，這些問題等你長大了自然就會知道。」

☹「這麼簡單的問題，你還用得著問嗎？」

☹「你不要再問了，安靜的欣賞風景，好嗎？」

前面這些話都將家長煩躁、不耐煩的情緒直接表現出來了，這不但會**打擊孩子提問的積極性，還會在一定程度上扼殺孩子的好奇心**，不利於培養孩子獨立思考的能力。其實，大人在旅途中遇到新鮮事物時，難免也會多問幾個為什麼，更何況孩子。通常，孩子在旅途中常問為什麼，原因有以下三點：

1. 孩子的好奇心強，對新事物充滿好奇。
2. 孩子的求知慾強，愛動腦筋。
3. 在旅行中被家長忽視，問為什麼是為了彰顯存在感，讓家長關注自己。

大多數情況下，孩子愛問為什麼，更多的是受好奇心的驅使，是孩子好求知、愛思考的表現。而家長態度的好壞是能否呵護孩子好奇心、保護孩子求知慾的關鍵。這個態度主要是透過家長的話表現出來的。因此，家長在面對孩子各式各樣的「為什麼」時，不但要耐心應對，還要注意所回的話是否恰當。

「你這個問題問得很好，但媽媽想先聽聽你是怎麼想的。」

「你覺得呢？你認為會是什麼原因？」

「你先猜猜看這是什麼？」

「你這個問題問得很好，媽媽也答不上來。要不我們去問導遊吧？」

家長回答孩子提問的話的好壞，是孩子好奇心能否得以持續、認知能否得以提升的關鍵。所以，多給孩子一點耐心，真誠的對待孩子的提問，保護孩子的好奇心和求知慾，幫助他拓寬視野、增加知識、構築認知。

POINT

孩子愛問為什麼，通常是受好奇心的驅使，是孩子好求知、愛思考的表現，家長要多給孩子一點耐心。

×「你哪來那麼多『為什麼』，就你問題最多，很煩！」

○「你覺得呢？你認為會是什麼原因？」

04 在外玩瘋了，不想回家

家長帶孩子外出旅遊時，常常會遇到孩子玩得太開心而不想回家的情形。這種時候，怎麼與孩子溝通就成了家長比較頭疼的問題，有些家長會因為情緒不耐煩，而對孩子說出一些氣話，比如：

☹「不想回家，那你就自己留在這裡吧！」

☹「你是玩瘋了吧？你走不走？你不走，我抱你走，以後不會帶你來這裡玩了！」

☹「你不回家，是吧？好，那你就留在這，都不要回去。」

☹「有玩就好，我們都出來幾天了，該回家了！」

媽媽知道妳捨
不得……。
我不要回家！

前面這些話其實是家長在強勢的與孩子進行**暴力溝通**，這**會給孩子傳遞一種「爸媽不愛我」的訊息**，**使孩子的內心失去安全感**。實際上，孩子之所以出現遊玩時不想回家的情景，主要原因有以下三點：

1. 孩子喜歡這個旅遊景點。
2. 孩子在整個旅程中玩得很愉快。
3. 孩子遇到了自己感興趣的人或事。

大多數時候，孩子外出遊玩不想回家，那說明他玩得很開心，這也是家長帶孩子外出遊玩時最希望看到的。如果因為孩子不願離開，而破壞了整個旅程愉悅的氛圍，那不免會有些遺憾。

因此，當孩子玩得高興而不願意回家時，家長要注意自己講的話，要讓孩子感覺到家長尊重自己，能看到自己的需求。

☺「你願意跟媽媽說不想回家的原因嗎？」

😊「我看得出來，你很捨不得這裡，但我們的行程結束了，該回家了。來，媽媽抱抱你。」

😊「你可以選擇繼續留在這裡玩，但是爸爸、媽媽不能繼續留下來陪你，我們得回去上班。你真的想一個人留在這裡玩嗎？」

😊「媽媽知道你很喜歡這裡，媽媽答應你，下次一定再帶你來玩。不過這次我們真的得回家了，因為假期結束了，媽媽得繼續回公司上班，你得回學校上課了。」

當孩子玩瘋了而不想回家時，家長不要急著用恐嚇的話來催促他，以免讓孩子覺得厭煩，進而情緒崩潰，當眾鬧情緒，和家長唱反調。家長可以借助話語來安撫他的情緒，讓他感受到父母是愛自己的，自己應該回家了。這樣可以給親子旅遊畫上一個圓滿的句號。

POINT

當孩子玩瘋了而不想回家時，家長不要急著用不恰當的話語來催促他。家長可以借助話語來安撫他的情緒，讓他感受到父母是愛自己的，自己應該回家了。

×「不想回家，那你就自己留在這裡吧！」

○「我看得出來，你很捨不得這裡，但我們的行程結束，該回家了。來，媽媽抱抱你。」

第八章

父母這樣說，孩子有自信

每一個孩子都渴望得到他人，尤其是家長的鼓勵和肯定。但不是每個成績優秀、比賽獲獎、被老師表揚的孩子都能得到家長的鼓勵，相反的，得到的可能是否定和打壓。這是為什麼呢？父母又該怎麼鼓勵孩子？

01 考試取得好成績

當孩子取得好成績回家後，家長的內心其實也很欣慰。但是，為了不讓孩子驕傲，他們常常會選擇隱藏自己內心的喜悅，說一些打壓孩子信心的話，還時不時督促孩子不要驕傲，要更加努力學習。下面是一些家長常常用來打壓孩子信心的話：

☹「瞧你那興奮的樣子，不知道的還以為你考第一名了呢。」

☹「你別驕傲，要繼續努力，下次再前進幾名。」

☹「你有啥好開心的，人家〇〇考得更好，也沒像你這麼高興。」

☹「不過就是第五名，有本事下次考個第一名啊！」

前面這些家長自以為不會讓孩子驕傲自滿、不思進取的話，常常會給孩子帶來一些負面影響，使孩子缺乏自信。其實，孩子能夠取得好成績，是需要付出時間和精力的。對於大多數孩子來說，取得好成績都需要滿足以下一個或多個前提條件：

1. 孩子對近期所學的知識掌握得很好。
2. 孩子平時在學習上花了很多時間和精力，成績一直在穩定上升。
3. 孩子學習狀態良好。
4. 孩子考前在複習上下了很大的功夫。

可以說，孩子取得的每一個好成績都離不開平時的努力，而每一個取得好成績的孩子的內心，都非常渴望得到家長的肯定，他們都期望家長能夠看到自己的努力和進步。而這些都會從家長的話語中得到體現。由此可見，在孩子取得好成績時，家長講出口的話十分重要。下面是給家長的一些建議：

☺「考到這麼好的成績，你一定很開心吧！媽媽也為你感到高興呢！」

☺「這次成績確實很不錯，看來你對最近所學的課題理解的很透澈。」

☺「媽媽知道你在考前下了很大的功夫，這些功夫沒白費呢！」

☺「你這次進步很多哦！你有沒有覺得以後的壓力很大呀？」

其實，家長合適的話語對孩子是有激勵作用的，尤其是在孩子取得好成績時。因為家長的話語裡，包含了對孩子學習態度和學習成績的認可。這種認可是提升孩子自信、增強學習動力的關鍵。因此，家長務必注重話語訓練，切勿講出不當的話而挫傷孩子的進取心，讓孩子失去自信和學習動力。

POINT

在孩子取得好成績時，家長講出口的話十分重要，是提升孩子自信、增強孩子學習動力的關鍵。

×「瞧你那興奮的樣子，不知道的還以為你考第一名了呢。」

○「媽媽知道你在考前下了很大的功夫，這些功夫沒白費呢！」

02 參加比賽獲獎

有些家長太過於看重考試成績，以至於當孩子在與課業無關的其他領域獲獎時，他們很難發自內心的為孩子感到高興，反而常常會說一些打擊孩子的話，比如：

☹「你拿這個獎有什麼用啊？隨便一個小孩都能拿到。」

☹「又不是考試拿獎，需要這麼高興嗎？」

☹「不就是拿了一個獎嗎？它又無法提高課業成績。」

☹「你拿這種獎有什麼用，上學期間，還是課業最重要。」

殊不知，在家長的這些打擊話語下，孩子獲獎後的榮譽感和自信心，很容易會轉變成失落感和無力感，甚至孩子與家長之間也會產生嫌隙，親子間的隔閡只會越來越大。**家長這些打擊孩子的話，其實對培養孩子的興趣是極其不利的，很可能是扼殺孩子興趣、消除孩子天賦優勢的罪魁禍首。**一般來說，孩子能在某個比賽中獲獎不外以下三個原因：

1. 孩子平時就對比賽的領域十分感興趣，願意主動去探索和學習。
2. 恰好比賽內容就是孩子的優勢和長處。
3. 孩子想透過比賽增加自己的榮譽感和自信心，投入了很多時間和精力。

其實，孩子在自己喜歡的領域探索和學習，更利於培養他們集中注意力和敏銳的思維力，這對他在學校的課業學習也是極有幫助的。因此，當孩子參加比賽獲獎時，家長切不可因為此獎項與孩子的考試成績無關，而採用不恰當的話去打擊、傷害孩子，以免遏制了孩子的興趣和優勢。下面是給家長的一些話語建議：

☺「恭喜你獲獎了呀！這證明你在這方面還挺厲害的呢！你現在是不是很開心呀？媽媽也替你感到開心呢！」

☺「不錯、不錯，能把個人興趣發展到獲獎，證明你很厲害嘛！」

☺「給你按個讚！你要再接再厲，但不要因此忘了學習哦！」

☺「哇！看來你在這個領域很有天賦！以後學習之餘，你可以多在這個領域花點時間。」

很多時候，孩子參加比賽獲獎，不但可以激發他的榮譽感和自信心，還可以增強孩子學習的主動性。因此，在孩子參加比賽獲獎時，家長要適時的稱讚孩子，給孩子肯定和鼓勵，以免使孩子失去自信和興趣。

POINT

孩子參加比賽獲獎，不但可以激發他的榮譽感和自信心，還可以增強孩子學習的主動性。

×「又不是考試拿獎，需要這麼高興嗎？」

○「恭喜你獲獎了呀！這證明你在這方面還挺厲害的呢！你現在是不是很開心呀？媽媽也替你感到開心呢！」

03 被老師誇獎了

孩子在學校得到老師的誇獎，家長本應該為此感到高興，畢竟這是老師對孩子在某方面的一種認可和鼓勵。然而，在孩子回饋被老師誇獎時，有些家長即便聽了心裡高興，也不會在孩子面前表現出來；相反，他們常常會將喜悅留在心裡，並且借助一些話語來打擊或教導孩子，比如：

☹「老師只是隨口說說，你還真以為是在誇你啊？」

☹「雖然老師誇獎你，但你也不要太驕傲，要繼續努力才是。」

☹「你不就是被誇獎一次，真行的話，天天讓老師誇獎啊！」

☹「別人家的孩子經常被老師誇獎，你才被誇幾次，還好意思說？」

不可以驕傲喔！
要繼續努力。
今天被老師誇獎了，
開心吧。

不論家長抱著怎樣的出發點對孩子說出前面這些話，都會在一定程度上傷害孩子的自尊，致使孩子無法正視被老師誇獎這件事。老師會誇獎孩子，一定是孩子在某方面表現的好，比如：

1. 孩子在學校的行為表現良好。
2. 孩子的成績有所進步。
3. 老師看到了孩子的某些優點。

總結來說，老師誇獎孩子，是對孩子的一種認可和鼓勵，孩子從中可以獲得自信與成長。因此，當孩子被老師誇獎時，家長可以借助合適的話語來協助孩子分析為什麼被誇獎，是在哪些方面取得了進步，以及今後打算怎麼做等。

☺「那你今天在學校一定表現得很好，你能跟媽媽說說，老師為什麼會誇獎你嗎？」

☺「真棒！老師誇獎你什麼呢？」

☺「被老師誇獎，你一定很高興吧！你是在哪方面進步了呀？」

☺「你做得很棒，你很努力。接下來你打算怎麼做呢？」

對孩子來說，老師的誇獎和家長的認可具有同樣重要的意義。也就是說，每一個孩子都希望得到老師、家長的共同認可和鼓勵。因此，家長要主動與老師溝通孩子的教育問題，隨時掌握孩子的學習狀況，及時給予孩子支持和鼓勵，以幫助孩子建立自信，使孩子更健康的成長。

POINT

當孩子被老師誇獎時，家長可以借助合適的話語來協助孩子分析為什麼被誇獎，是在哪些方面取得了進步，以及今後打算怎麼做。

×「老師只是隨口說說，你還真以為是在誇你啊？」

○「被老師誇獎，你一定很高興吧！你是在哪方面進步了呀？」

04 親友稱讚孩子聽話

在親友當著孩子的面向家長稱讚孩子聽話時，有的家長會趁機給孩子傳遞更高的期望，或是否定親友的稱讚以示謙虛。他們常常會用下面的話來回應親友的稱讚：

☹「哪有！和同齡孩子一比，他就差遠了。」

☹「那是你沒看見他在家的樣子，常惹人生氣的。」

☹「沒有、沒有，他只是在你們面前才這樣聽話。」

☹「那是你們見他的次數較少，相處久了，就知道他有多不聽話了。」

嗯，越來越懂事啦！
這孩子真聽話，很有禮貌呢！

本來被親友稱讚，是一件令孩子十分高興、自豪的事，但是經家長那麼一說，反倒成了孩子被指責、被批評的導火線，一方面會讓孩子在親友面前沒面子，另一方面會強化孩子「不聽話」的標籤，使孩子變得更加叛逆。既然孩子在家長口中表現得如此不聽話，那麼，為什麼還會有親友稱讚其聽話呢？其主要理由大概有以下四點：

1. 孩子本身就很聽話，親友照實說，只不過家長對孩子的期望過高。
2. 親友只是在說客套話、場面話。
3. 親友的參照對象比孩子更調皮。
4. 親友和家長所理解的聽話範疇不一樣，導致兩者的觀點出現差異。

其實，親友誇讚孩子聽話，是在給孩子傳遞被認可的資訊，能夠幫助孩子建立自信。因此，家長可以借親友的稱讚來正向激勵孩子，用話語引導孩子明白被稱讚的原因，激發孩子積極向上的生活態度。

☺「嗯，越來越懂事了。課業上如果也能再努力一點，就更好啦！」

☺「是呀！尤其是他每天放學後會主動做功課這一點。」

☺「是呀！他越長大越懂事了！」

家長採用積極、正面的話回應親友對孩子的稱讚，借此來表達自己對孩子的認可和讚美，有以下幾點好處：

1. 可以強化孩子的優點。
2. 可以給孩子傳遞積極、正面的訊息，使孩子變得更有自信。
3. 可以拉近親子間的距離。

由此可見，家長回應親友的話很重要，每一個家長都應該對此類話語進行反思和總結。

POINT

家長採用積極、正面的話回應親友對孩子的稱讚，可以激發孩子積極向上的生活態度。

×「沒有、沒有，他只是在你們面前才這樣聽話。」

○「是呀！他越長大越懂事了！」

想表達關心，卻成了孩子最不想聽的說教；
引導孩子改正不良習慣，一開口卻變成了斥責……
久而久之，你的話語，就成爲他們的未來。

◎ 家有「起床困難戶」

×「起床了，再不起來我就拿棍子揍人了。」
○「起床囉！早餐有你最喜歡吃的蛋餅哦！」

催促、嘮叨的言語，會讓氣氛變緊張。
改用幽默、平和的話語，可以緩和孩子的焦慮感，不易煩躁。

◎ 孩子被老師「告狀」

×「你看看你考的分數，能看嗎？」
○「成績退步了！你一定很難過，有想過這次考壞的理由嗎？」

成績退步，孩子自己才是最難過的。
再說一些傷及孩子自尊的話，他可能更討厭上學。
你應先表達同理心，並引導孩子調整學習方法和對策。

◎ 什麼，我的小孩竟偷錢

×「小小年紀不學好！學偷錢？」
○「你爲什麼要私下拿？零用錢不夠，還是遇到什麼事？想跟媽媽聊聊嗎？」

家長若不給孩子解釋的機會，強行貼上「偷」的標籤，
會給孩子心理健康造成傷害。唯有找出動機，才能對症下藥。

一句話，可讓孩子決定一生的夢想，也可使他們否定自己，
42 種免爆氣情境話術參考，不斥責、不說教，孩子正向積極。

ISBN 978-626-7377-67-3
00390
9 786267 377673
DT0276
定價：390 元
大是文化

國稅局稽查官的29個數值化訣竅，
教你從不懂數字的人，變身用數字精準判斷的高效工作者

數值化思維

数字が苦手な人のための
いまさら聞けない
「数字の読み方」超基本

久保憂希也——著　張嘉芬——譯

光憑
「感覺」說話

講出
明確數值

我「覺得」
業績「好像」不夠好，
「應該」多多加油！

本月距離業績目標還差3萬，
以增加15位新客戶、
客單價2千元來解決。

太抽象又沒有一致標準，
無法判斷。

有明確依據，
可客觀判斷的方案。

好評推薦

戀家小舖創辦人 李忠儒
連續創業家暨兩岸三地上市公司指名度最高的頂尖財報職業講師 林明樟MJ
簡報教練／暢銷作家 林長揚
品碩創新管理顧問有限公司創辦人、《思維的良率》和《思維的製程》作者 彭建文
KKday營銷長 黃昭瑛
鉑澂行銷顧問策略長 劉奕酉
閱讀人社群主編 鄭俊德
先行智庫執行長 蘇書平
(依姓氏筆畫排列)

商業周刊
藍學堂

作者

久保憂希也 Kubo Yukiya

KACHIEL股份有限公司董事長

1977年生於日本和歌山縣和歌山市，1995年進入日本慶應義塾大學經濟系就讀。

國稅專門官第31期，並於2001年分發至東京國稅局服務，負責餐飲、醫療、專技人員、演藝人員、特種行業等之稅務調查，與外籍人士課稅、所得稅申報業務。

2005年進入東證一部上市公司服務，負責新事業、經營企畫、事業策略、企業併購、事業合作業務，在職近4年期間，完成13項專案。2007年，轉調貢獻全公司三分之一營業利益（約63億日圓）的子公司，擔任董事一職，帶領集團旗下26家企業、3千名部屬。

2008年自立門戶創業，成立InspireConsulting股份有限公司，提供各類經營顧問諮詢服務，並自2016年起出任服務稅務、會計人員的KACHIEL股份有限公司董事長一職。

著有《用「數字」思考，90%的工作都能迎刃而解》、《全日本最簡單、最實用！為非財會人員寫的會計書》、《真想拿給老闆讀！全日本最能簡單搞懂經營管理的會計書》等書。

翻譯

張嘉芬

日本法政大學日本文學碩士，輔仁大學跨文化研究所認證中日文專業會議口譯，現為專職日文譯者，擅長不動產、餐飲、長照、經營管理等領域之口筆譯。譯稿指教：ccfjp@hotmail.com